COMMISSION

DE

DÉLIMITATION

FRANCO-PORTUGAISE

LA ZONE FRONTIÈRE

PARIS

BERTHAUD FRÈRES

31, RUE BELLEFOND, 31

1901-1902

COMMISSION DE DÉLIMITATION

FRANCO-PORTUGAISE

IMPRIMERIE BERTHAUD, PARIS

COMMISSION

DE

DÉLIMITATION

FRANCO-PORTUGAISE

LA ZONE FRONTIÈRE

PARIS
BERTHAUD FRÈRES
31, RUE BELLEFOND, 31

1901-1902

LA ZONE FRONTIÈRE

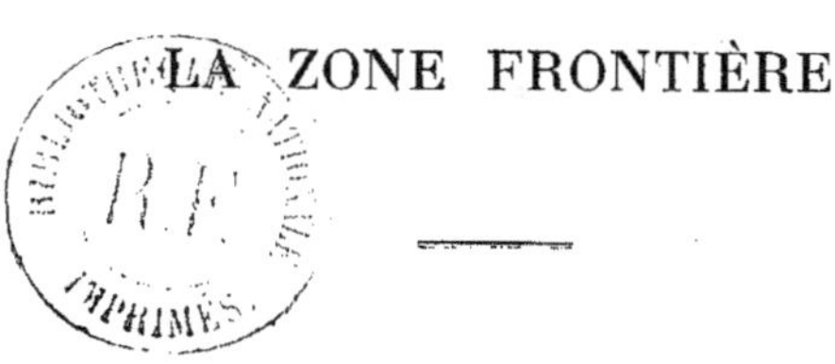

La frontière que la Commission franco-portugaise vient d'être
appelée à déterminer au Congo, court à travers le pays *Bavili*
en suivant sensiblement la ligne de faîte qui sépare les eaux du
Chiloango de celles de la *Loëmé*.

Je dis sensiblement, car, en certains points, la ligne frontière
se confond avec des coordonnées géographiques et empiète sur le
bassin du Chiloango.

Cet empiètement est le résultat des dernières conventions inter-
venues entre les deux gouvernements, conventions destinées à
ménager les intérêts économiques et politiques des deux pays. Il
semblerait même que l'on ait voulu revenir aux limites que
s'étaient jadis imposées les indigènes entre les royaumes du
Cacongo et du *Loango*.

En somme, le Cacongo forme aujourd'hui, et à peu près intégra-
lement, l'enclave portugaise qui a pour chef-lieu *Cabinda*, alors
que le *Loango* fait partie du Congo français.

J'estime qu'il serait oiseux de faire ici l'historique des travaux de
la Commission et de recopier son journal de route. Nos observations, nos cartes, nos procès-verbaux attesteront amplement que
nous nous sommes attachés scrupuleusement à suivre à la lettre le
protocole qui nous a été soumis.

Nous avons atteint le but proposé en nous efforçant de ne laisser
derrière nous aucune solution de continuité, aucune question en

suspens ou litigieuse. Tout a été réglé sur le terrain sans incidents, en parfait accord et de bonne foi. Les commissaires des deux gouvernements ont tenu à mener de front le *bornage* matériel de la frontière et son tracé cartographique.

Les travaux scientifiques de la Commission comprennent :

1° Des observations astronomiques ;
2° Des itinéraires cotés ;
3° Un profil en long ;
4° Des observations météorologiques.

Comme documents :

1° Des vues photographiques ;
2° Des échantillons géologiques et hydrologiques récoltés sur un profil relevé.

Enfin, et autant que les circonstances nous l'ont permis, nous avons fait le recensement des indigènes établis sur le territoire français et le long des itinéraires que nous avons suivis. Ce document ne manquera pas d'intérêt, aujourd'hui où la question d'impôt et de main-d'œuvre est à l'ordre du jour. C'est de la solution qui sera donnée à cette question que dépend désormais l'avenir économique du Congo français.

Nous nous bornerons à tracer un aperçu sommaire d'une région intéressante au premier chef, peu connue, cependant, quoiqu'à proximité de la côte.

Les territoires qui s'étendent au sud et sur la rive gauche de la Loëmé ont été réservés jusqu'à ce jour et respectés par les concessionnaires. C'est là un fait heureux. Notre colonie trouvera dans cette région, pourtant d'une superficie restreinte, une main-d'œuvre nombreuse, peu coûteuse et maniable. De plus, il y a dans ce pays un commerce très actif, deux circonstances favorables, assurément, aux vues de la colonisation. Toutefois, l'on n'en saurait tirer profit, qu'à la condition de ménager ces populations laborieuses et trafiquantes. Des mesures vexatoires, ou hors de propos, des taxes trop onéreuses, des droits impolitiques chasseraient infailliblement la main-d'œuvre et le négoce. Où iraient-ils? Chez nos voisins, chez les Portugais, nos rivaux, toujours habiles à tirer parti de nos fautes et parfois de l'inintelligence de notre action administrative. J'aurai à revenir là-dessus.

La zone que traverse la frontière depuis Massabe jusqu'à la *borne D* est d'un aspect généralement pauvre et d'impression maussade. Ce n'est qu'une succession de clairières sablonneuses où, pendant la saison pluvieuse, poussent, hautes et drues, des herbes inutilisables pour la pâture. En outre, le sol légèrement mamelonné, est, dans toutes ses dépressions, taché de nombreux taillis aux essences rabougries inexploitables. Puis, de-ci, de-là, de basses et chétives huttes se dressent sur la plaine. On ne peut donner le nom de *village* à l'agglomération de quelques-uns de ces misérables et branlants abris. Ce n'est guère qu'au delà, à l'est de la *borne D*, que le pays commence à fixer l'attention par ses apparences différentes.

. La région qui va des sources de la *Lufica* à celles de la *Lubinda*, était jadis occupée par les villages de N'Sossa. Cette importante agglomération s'est aujourd'hui désagrégée au profit du centre voisin de *M'Péla*, sur territoire portugais.

. Nous sommes dans une contrée de transition. Les approches du *Mayombe* se font sentir. Le terrain s'accidente, les taillis sont en grand nombre, plus vastes, plus épais ; le sol reste, néanmoins, sablonneux. La frontière suit la ligne de faîte des bassins de la Loëmé et du *Chiloango*, séparant les terres de *Milimba* et de *Mandou* de celle de *Chilunga*. Les terres de Milimba sont du territoire français. Les villages y apparaissent nombreux et rapprochés ; la population y est plus dense, plus active et commerçante. Les habitations y restent, cependant, pauvres et délabrées. On les déplace à tous moments, tant à raison des *palabres* indigènes que du fait des procédés politiques, si j'ose dire de l'Administration. Aujourd'hui français, demain portugais, les indigènes évoluent suivant ce qu'ils croient être leur intérêt, avec une remarquable facilité.

Nous traversons de magnifiques plantations de manioc et de bananiers et, le 18 juillet, nous pénétrons définitivement dans la zone montagneuse dite du *Mayombe*. Nous sommes désormais dans la grande forêt. La terre est plus riche, couverte d'une couche plus ou moins épaisse d'humus, produit de la décomposition des feuilles et des détritus végétaux. Les ruisseaux sont clairs, rapides et coulent à travers des taillis et sur des assises de grès.

Les villages dans cette zone sont plus propres, parfois pittoresques ; les indigènes plus robustes, plus sains.

C'est dans cette région qu'il m a été donné de voir les plus belles forêts de palmiers que j'ai rencontrées au Congo. D'immenses surfaces sont presque exclusivement couvertes de splendides arbres monocotylédones *Elaïs*. Çà et là, sont installés d'importants chantiers à huile en pleine exploitation. La liane à caoutchouc domine également dans la brousse : elle est malheureusement peu et mal exploitée par les naturels. Cette contrée est réellement riche. On y voit des plantations nombreuses vastes et fertiles. Les vivres s'y trouvent en abondance. La frontière la divise à peu près également. Les indigènes commercent directement, de notre côté, avec les comptoirs de *Kulla*, *Chikambo* et *Caio* sur la *Loëmé*, et aussi avec ceux du *Luali* et du *Chiloango* dans l'enclave de *Cabinda*.

Nous constatons pourtant que le mouvement commercial est singulièrement plus accentué vers le côté portugais. Je dirai même que l'influence politique de nos voisins est prépondérante. Cela tient à plusieurs causes sur lesquelles je m'expliquerai plus loin. J'aurai, d'ailleurs, malheureusement à signaler le même fait à différentes reprises. Je le ferai chaque fois que l'occasion s'en présentera sans craindre d'insister sur des faits qui sont de tous points funestes aux intérêts économiques et politiques du Sud de notre colonie et contre lesquels nous devons et pouvons réagir.

Le 21 juillet, la Commission arrive au village de *Chimungo-Sanga*, sur territoire portugais. C est en ce point qu'elle décida de se scinder en deux fractions afin de déterminer la frontière qui, de la ligne de faîte de la *Loëmé* et du *Chiloango*, doit suivre le parallèle du confluent de la rivière *Bilisi* avec le *Luali* et ensuite le thalweg de cette dernière rivière jusqu'à ses sources. C'était là un travail délicat qui a immobilisé la mission un temps assez long dans une même région de beaucoup la plus intéressante, du reste, de celles que nous avons eu à parcourir.

La convention de 1893 avait décidé que la frontière continuerait à suivre la ligne de séparation des bassins du *Chiloango* et de la *Loëmé*. Nous abandonnions ainsi trop hâtivement à nos voisins toute la contrée dite de *Chimpèze*. *Chimpèze* est, en effet, le centre d'une région fertile, très peuplée, très commerçante. Par ce point passe une importante route de caravanes, la première qui jadis et bien avant notre occupation mettait en relations les ports de *Pointe Noire* et de *Loango* avec les populations du *Haut Quillou*, du *Haut Chiloango* et du Moyen Congo.

Les chefs de *Chimpèze* relevaient du *Maloango* [1] et non du *Cacongo* [2]. Aussi à la suite de l'annexion au Congo-Français du pays *Loango* et des traités passés avec son roi, notre influence s'étendit-elle immédiatement et tout naturellement sur cette province. C'est chez elle que nous recrutions en grande partie notre main-d'œuvre, habile et industrieuse, et, surtout, la grosse majorité des porteurs qui, partant de Loango, allaient ravitailler tout l'hinterland de notre colonie.

La province de *Chimpèze* est exclusivement forestière et, par là, s'est trouvée quelque peu à l'abri des exploitations parfois trop brutales auxquelles sont exposées les tribus en contact immédiatement avec la Côte.

L'excessif *portage* auquel les populations ont été astreintes n'a heureusement pas décimé complètement les forces vives de ce pays. Et tout de même, il faut noter que le portage a été à peu près mortel pour le commerce local, et pour l'exploitation des produits naturels. Nous avons traité les indigènes en bêtes de somme. Nous

---

1. Maloango, titre du roi du *Loango*.
2. Cacongo, titre du roi du *Cacongo* ou de la région de *Cabinda*.

leur avons infligé des besoins nouveaux et d'autant plus impérieux. L'alcool leur est devenu une nécessité. Du moins, pouvait-on espérer voir l'indigène retourner à son sol le jour où le *portage* serait aboli. Il n'en a rien été ; il était trop tard. Aujourd'hui, presque tout ce qui restait du commerce local s'est détourné vers le *Luali* et le *Chiloango*. Les naturels offrent leurs bras aux entreprises qui, en échange de leurs services, leur livrent immédiatement l'alcool dont ils ne savent plus s'abstenir d'appéter les excitations néfastes, et qui leur comptent des salaires avec quoi les infortunés donnent libre et prompte satisfaction au vice que nous avons provoqué en eux. De ce seul fait déjà, les tribus qui résident sur territoire français émigrent chaque jour un peu plus vers l'enclave de *Cabinda* et le territoire de l'*État Indépendant*. Ils vont là, en un mot, où le négoce est plus rémunérateur grâce à des droits moins élevés, là où l'on trouve facilement et librement des produits manufacturés interdits sur la terre française, là, enfin, où il faut des bras à tout prix pour mener à bien de grandes entreprises, tels la construction du chemin de fer du *Mayombe*, l'entretien de la voie ferrée de *Matadi* au *Stanley-Pool*, etc...

Il résulte de ces faits que l'influence portugaise s'est accrue incessamment pendant la période qui vient de s'écouler de 1894 jusqu'à ces jours derniers. Aussi, le rôle des nos Administrateurs et de nos Commerçants pour ramener à nous, comme il convient, ces populations émigrées n'en sera-t-il que plus délicat et plus difficile.

Le nouveau protocole, en date du 23 janvier 1901, modifie les premières conventions : il rend à la France la province de *Chimpèze* et, en échange, la France cède au Portugal toute la région entre le méridien 10° 30′ et la crête des cimes limitant les hauteurs du *Mayombe*.

Le parallèle du confluent de la *Bilisi* avec le *Luali* est par 4° 34′ 24″ 5 Sud. Au Nord est donc située la province de *Chimpèze*, alors qu'au Sud sont les terres de *Sanga* et de *N'Zala* qui s'étendent jusqu'au delà de la rivière *Luali*. Cette région est aussi des plus importantes, couverte de grands villages, en relations commerciales journalières avec *Chimpèze* dont le trafic aujourd'hui s'écoule presqu'entièrement vers le *Luali*. Le chef de *N'Zala* est certainement le plus influent de toute la contrée. Ceux de *Sanga* et de *Chimpèze* se reconnaissent tacitement ses vassaux. Aussi les Portugais n'ont-ils pas craint d'appuyer officiellement son autorité, et l'établissement d'un poste politique et de douane au village de *Sanga*, à quelques centaines de mètres de la frontière, est-il décidé. Nous avons intérêt à créer, de notre côté, un poste à *Chimpèze*. Un fonctionnaire intelligent à la tête de ce poste saura arrêter dans une grande mesure la contrebande douanière, ramener vers la Loëmé le courant commercial qui s'en détourne chaque jour davantage, assurer la perception de l'impôt, organiser le recrutement de la main-d'œuvre, veiller à l'exécution des contrats et donner la sécurité à toute une contrée divisée par les *palabres* indigènes et exploitée par des traitants sans aveu, des repris de justice, des évadés des prisons de Loango.

Ce sont véritables bandits qui ne craignent pas de mettre tout le pays en coupe réglée en se disant insolemment les représentants et les envoyés de l'Administration française. Il nous a été donné de rencontrer à plusieurs reprises des *pahouins* par exemple, anciens miliciens ou déserteurs qui, affublés d'une vareuse et d'une chéchia, se prétendaient les représentants du commandant de Loango. Ces forbans s'installent dans les villages, s'emparent des poules et des moutons, se font livrer des femmes, volent, frappent et commettent toutes sortes d'exactions. Les indigènes timorés s'inclinent et supportent ces rapines et ces violences par crainte des représailles de l'autorité dont ces aventuriers ne manquent pas de les menacer.

Partout, et surtout dans la zone frontière, les chefs se sont plaints amèrement à nous de cet état de choses. Faut-il ajouter que les conséquences de ces pirateries sont désastreuses pour notre autorité? Des villages entiers émigrent pour aller s'installer vers le *Chiloango* et le *Luali*, à l'abri de l'autorité portugaise qui s'affirme effectivement par ses postes et ses comptoirs. Nous devons tout faire pour enrayer ce mouvement qui serait la cause d'une ruine certaine, s'il se poursuivait et s'accentuait. Nous perdrions avant peu une des sources les plus sûres, et des dernières qui nous restent de notre main-d'œuvre, et le commerce local ne serait bientôt plus qu'un souvenir.

Les Portugais sont parfaitement au courant de notre situation et ils ne négligent rien pour l'aggraver. Leurs agents noirs et leurs *capitas* n'hésitent pas à faire une active propagande en faveur de l'autorité qu'ils représentent. Aussi, aujourd'hui où la frontière est désormais arrêtée et délimitée, il nous faut prendre sans tarder telles mesures, qui mettront fin à un état de désorganisation, déplorable à tous points de vue et pour notre influence et pour nos intérêts économiques.

De *Chimungo-Sanga* nous nous rendons au village même de *Chimpèze*. Nous traversons de belles et grandes plantations, de riches palmeraies, d'importants villages. Dans cette région, se produisirent quelques incidents typiques qui viennent corroborer ce que j'avançais plus haut. J'en citerai un pour mémoire, à simple titre de document.

Nous étions campés dans un grand village du nom de *Chivenze*. Celui-ci dépend de la terre de *Sanga*, mais se trouve sur territoire français. Je fis donc venir le chef et lui dis que *désormais* lui et les siens étaient sujets français; que *désormais* ils n'auraient plus à s'adresser aux autorités portugaises pour le règlement de leurs palabres, que ce serait aux administrateurs français que leurs hommes devraient louer leurs services, payer l'impôt, exposer leurs doléances, demander protection; que ce serait vers nos comptoirs qu'ils auraient à apporter leurs produits, etc., etc... Le chef, entouré de tous les notables, m'écouta en silence et au moment où je lui faisais remettre officiellement quelques pavillons français, il les repoussa ainsi que les présents qui les accompagnaient : « Je ne « veux pas être français, me dit-il alors, mais bien rester portugais. « Garde tes présents : je n'en ai que faire. Les Français sont gens « méchants qui nous envoient leurs soldats pour nous frapper, vio- « ler nos femmes, voler nos produits et nos marchandises. Si le

« territoire de mon village n'est plus sous l'autorité portugaise, eh
« bien, je l'abandonnerai et émigrerai avec tous les miens! »

Cette réponse se passe de tout commentaire. Elle fut pour nous
d'autant plus vexante et pénible, qu'elle fut faite en présence d'un
de nos collègues portugais.

Il nous fallut de longues heures pour désabuser le chef de
Chivenzé et le ramener à de plus loyaux sentiments. J'expliquai
nos projets, nos intentions; lui dis que les noirs qui pirataient dans
leur pays n'étaient que des bandits et nullement les représentants ou les
envoyés de l'autorité française : qu'alors qu'ils s'en présenteraient,
les habitants de *Chivenze* n'avaient qu'à s'assurer de leurs personnes et les amener pieds et poings liés, s'il le fallait, au commandant de *Loango* ; qu'en agissant ainsi, ils assureraient promptement
le retour de la sécurité dans la contrée.

D'autre part, j'ajoutai qu'avant peu un poste s'installerait dans
leur région et couvrirait de sa protection leurs villages et garantirait
la pleine liberté de leur négoce et de leurs transactions.

Nous réussîmes à le convaincre. Le chef revint à de plus justes
sentiments

Je crois qu'il fut sincère, car, lorsque nous revînmes dans la contrée quelques semaines plus tard, il vint nous rendre visite, nous
dit que depuis notre premier passage tout était parfaitement calme
chez eux, et il nous exprima tous ses regrets de sa première
attitude.

J'ajouterai que cette scène se reproduisit, hélas ! la même et à
différentes reprises en d'autres localités.

Le 6 août, nous arrivons à *Chimpéze*. Situé sur un mamelon,
dans une boucle de la rivière *Bilisi*, le village compte environ
cinquante cases.

Le chef, du nom de *N'Zanga*, est jeune et intelligent ; il nous
reçoit très bien. Avant 1894, il était en relations assez fréquentes
avec les autorités de *Loango* ; ces relations sont devenues plus
rares depuis qu'il se croyait Portugais.

N'Zanga est en même temps un des plus gros commerçants et

intermédiaires du *Mayombe*. Il trafique directement avec les comptoirs de la *Loëmé* et du *Luali*, auxquels il vend l'huile de palme et le caoutchouc.

Il achète par ailleurs de nombreux moutons et cabris, ainsi que de grandes quantités d'arachides aux indigènes de la haute *Loëmé*. Il écoule ensuite ses produits vers la côte.

Le 11 août, la Commission se trouva de nouveau réunie à *Chidumba*, après avoir reconnu le cours supérieur du *Luali* et le massif orographique d'où sortent les rivières *Louvakou* et *Luali*. Nous sommes désormais en pleine région montagneuse ; la brousse se fait plus impénétrable et est arrosée par de nombreux torrents qui se précipitent des hauteurs pour aller se perdre, les uns dans la Loëmé, les autres dans le Luali.

Le 13 août, la Commission se fractionne à nouveau. Elle devra se rassembler à *Cotodale*, point déterminé astronomiquement par la Commission de 1894.

Nous relevons toute la ligne de faite qui s'étend des sources de la Loëmé au méridien 10° 30'. Nous sommes en pleine zone de soulèvement. Les plantations sont toujours nombreuses et en plein rapport ; néanmoins, les palmeraies sont moins riches ; les villages sont d'aspect misérable et sales, véritables villages d'hommes de brousse.

Le 14 août, après avoir escaladé des crêtes de 800 mètres, nous quittons brusquement la forêt et descendons dans les vastes plaines des *Iangalas* qui semblent être l'ancien lit d'un grand fleuve.

Cet immense bas-fond s'allonge sensiblement de l'Est à l'Ouest, du *Congo* au *Quillou*. Il est bordé au Nord et au Sud par une ligne de collines nettement dessinée et dont quelques sommets, vers le Mayombe, atteignent jusqu'à 950 mètres d'altitude. Le thalweg est inondé par places, et très fréquemment nous avons des étangs à relever. A la saison pluvieuse, toute cette région doit être à peu près couverte par les eaux.

Le 18 août, nous rejoignons à *Cotodale* la première fraction de la Commission. La frontière a été déterminée et bornée jusqu'à ce point.

Le 21, nous quittons Cotodale ; nous suivons la plaine des Iangalas et le 23, nous atteignons au village de *M'Bamba*, la trouée par
laquelle le fleuve *Chiloango* pénètre dans le Mayombe. Nous sommes
arrivés au point terminus de notre mission. C'est la limite extrême
de la frontière et notre dernière borne est placée par 4° 38′ latitude
Sud et 10° 40′ longitude Est.

Le fleuve, où nous l'atteignons, n'a qu'une largeur moyenne de
12 à 15 mètres. Peu profond à cette époque de l'année, son cours
est coupé fréquemment par des barrages et des pêcheries.

En saison pluvieuse, son niveau monte au moins de 3 à 4 mètres,
et toutes ses rives sont inondées sur une grande largeur, dans toute
sa traversée de la plaine des Iangalas. A M'Bamba, le fleuve se
dirige au Sud-Est, puis, peu après, il fait un angle de 90° et coule
au Sud-Ouest jusqu'à la mer.

Les villages *Iangalas* sont assez nombreux. Ils s'abritent dans les
gorges boisées, au pied du versant Est du Mayombe. Les uns sont
importants, bien construits et propres ; d'autres, au contraire, sont
moitié ruinés et d'apparence sordide. Presque tous sont en guerre
ou en *palabres* les uns avec les autres. Les naturels sont méfiants,
sales et peu hospitaliers. D'aucuns sont de parfaites brutes. Il nous
est très difficile d'obtenir des renseignements et de nous documen-
ter, ces sauvages semblent se liguer pour nous tromper.

Les scrofuleux et les lépreux abondent sur ce point ; la variole
y règne à l'état endémique. Les plantations de manioc sont pauvres ;
les bananiers rares. Les arachides sont, par contre, assez prospères.
Elles constituent un fonds de commerce avec les indigènes du
Mayombe et de la Côte. Quant aux cabris, porcs et moutons, ils
sont en troupeaux innombrables et en parfait état. Les pâturages
de la plaine et des montagnes semblent leur être profitables. C'est
d'ailleurs dans cette région que les *Bassoundis* et les *Bakambas*,
d'un côté, les *Bavilis* et les *Mayombès*, de l'autre, viennent acheter
leurs animaux.

Alors que l'on approche du *Chiloango*, les plantations de manioc
deviennent plus belles et plus nombreuses : nous avons admiré de
magnifiques cultures de *N'Jou*, d'arachides et de tabacs.

Toute la plaine des Iangalas est française et fait partie du cercle de Loudima. Le point le plus à remarquer de la contrée est le village de *Mikondje*, où nous passons le 23 août.

Situé au milieu d'une oasis fertile et somptueuse de palmiers, au milieu même de la plaine, Mikondje est une grosse agglomération qui compte environ 150 cases. Les troupeaux de porcs et de moutons y sont de superbe venue : le tabac, les arachides, le vin de palme s'y récoltent à profusion ; la population y est très dense. Sans aucun doute, cette localité est le marché le plus considérable de toute la région. Il offre à l'observateur le plus vif intérêt à plus d'un point de vue. C'est là, en effet, que se rencontrent, où se donnent rendez-vous des intermédiaires de races diverses.

Enfin Mikondje est sur la route qui, de Chimpèze, mène dans le pays *Bassoundi* et dans le bassin cuivreux de *Mindouli* et de *M'Boko Songo*. Il y a là des gisements jadis exploités par les indigènes, et pendant plusieurs siècles ; ils semblent être aujourd'hui à peu près délaissés.

Nous ne sommes pas encore bien éclairés sur la richesse de cette zone minière.

Il est à désirer que de prochaines et *sérieuses* prospections nous renseignent exactement sur ce que l'on en doit attendre.

Si les conclusions données à des recherches méthodiques et actives sont favorables, cette contrée peut être transformée du jour au lendemain et dès aujourd'hui, il convient de ménager toutes les populations qui s'étendent de la Loëmé à Chimpèze et de Chimpèze aux Iangalas et aux Bassoundis. C'est chez elles que nous trouverons une main-d'œuvre abondante, maniable et peu coûteuse.

Le 28 août la mission de délimitation se disloqua. La délégation portugaise rejoignit la côte en descendant le *Chiloango* ; quant à nous, de M'Bamba nous nous dirigeâmes directement sur *Kulla Mando* en coupant quelques-uns des itinéraires de la Commission de 1894. Nous traversâmes toute la terre de *N'Zala* où nous fûmes on ne peut mieux accueillis par le chef *Tudubingo* et, le 1ᵉʳ septembre, nous étions de retour à *Chimpèze*.

Le 4, nous nous remîmes en route, suivant toute la ligne des villages qui, de Chimpèze, s'allonge jusqu'à la Loëmé en passant par le centre de *Banga*.

Nous croisons plusieurs caravanes d'indigènes qui vont s'engager comme porteurs soit à Loango, soit dans les compagnies du *Quillou* et de l'*Ongomo* ; nous rencontrons également quelques caravanes de négoce qui vont ou reviennent de Kulla où nous arrirons nous-mêmes le 9 septembre.

Du recensement sommaire et quelque peu hâtif, que, de *Chimpèze*, nous avons fait jusqu'à la Loëmé on peut déjà présumer que cette région est d'un intérêt considérable. Malheureusement, du fait de l'inertie et de la paresse de la grande majorité des naturels, le négoce est restreint : on fait l'huile de palme ; on récolte et l'on vend des amandes de palme, du caoutchouc. Les hommes, d'ailleurs, préfèrent s'engager comme porteurs, plutôt que d'exploiter et de récolter les produits de leur sol. Ils auraient besoin d'être stimulés. L'établissement de nombreux et petits comptoirs serait nécessaire. Les besoins deviendraient plus variés, la concurrence serait activée, et la vie commerciale renaîtrait. Ce qu'il faut aussi, ce qu'il faut surtout, c'est la justice, c'est la sécurité, c'est l'honnêteté dans les transactions ; il faut, et la chose est essentielle, plus de contact entre les Européens et les indigènes.

Nous quittons *Kulla* le 11 septembre, descendons la Loëmé en pirogue et le 13 nous arrivons à l'établissement agricole du *Caïo* situé sur le lac de ce nom.

Le 1ᵉʳ octobre nous sommes à *Massabe* et, après une visite à *Landana*, nous sommes de retour à *Loango* le 8 octobre ; le 11 juin, nous avions débarqué en ce port.

Le 21 octobre, la Commission s'embarquait à destination de la France, son travail complètement terminé sur le terrain. Elle avait relevé environ 400 kilomètres de terres. Elle avait eu la bonne fortune d'opérer sans perdre un seul homme et tout à fait pacifiquement.

Je terminerai ma relation par quelques observations d'ordre

général sur la situation commerciale et agricole dans le bassin de la Loëmé.

Depuis de longues années une Compagnie hollandaise (N.-A.-H.-V.) occupait la région dite du lac *Caio* et la rivière Loëmé, lorsque en 1900 elle céda ses comptoirs et ses propriétés à la société française dite *Agricole du Quillou*.

L'installation officielle de la société française eut lieu le 1er août 1900. Or, en une année, la nouvelle société a déjà pu constater que le commerce fait dans ses diverses factoreries, *Caio*, *Chikambo* et *Kulla* diminuait d'une façon très sensible et n'atteignait pas le chiffre d'affaires qui avait été fait les années précédentes par la *N.-A.-H.-V.* dans ces mêmes comptoirs. Quelles étaient les causes qui avaient diminué si brusquement le développement commercial de ces comptoirs? Le directeur de la Compagnie agricole a tenu à les étudier sur place. Il a parcouru tout le pays compris entre la Côte et le Mayombe, d'une part, et entre la Loëmé et la frontière portugaise, d'autre part. La Commission franco-portugaise a été appelée à opérer dans les mêmes régions et nos constatations et conclusions ont été les mêmes que celles du directeur de la Compagnie agricole.

Les indigènes désertent les factoreries françaises parce que l'alcool s'y vend à un prix trop élevé, et parce qu'ils n'y trouvent plus ni fusils à pistons ni capsules. Au contraire dans les comptoirs établis sur le *Chiloango* et ses affluents, l'alcool est à un prix bien inférieur à celui de nos comptoirs, et le commerce des fusils à piston et des capsules s'y fait librement.

Voilà pourquoi, sans plus chercher, les indigènes portent leurs produits chez les Portugais.

Nous sommes en effet dans un état d'infériorité frappant vis-à-vis de nos concurrents étrangers établis au Congo-Portugais, à cause des droits de douane qui sont appliqués à notre alcool, et de l'interdiction d'importer librement des fusils à piston dans nos possessions.

L'alcool paie à son entrée sur le territoire de la colonie un droit de 180 francs par hectolitre.

Au Congo-Portugais, ce droit n'est que de 140 francs et, en réalité, les commerçants ne paient que de 110 à 120 francs, à raison du gain qu'ils réalisent sur le change.

D'autre part, les droits de statistique qui sont chez nous de 0 fr. 15 par colis, n'existent pas chez nos voisins, ces droits augmentent d'autant le prix de revient de nos marchandises.

Enfin, s'appuyant sur l'acte de Berlin, la colonie interdit l'entrée des fusils à piston et des capsules, les considérant comme armes de guerre et engins perfectionnés.

Or, cette interdiction n'existe pas dans l'enclave de Cabinda.

Ne fait-elle pas partie cependant du bassin conventionnel?

Et puis, je n'hésite pas à le dire, cette interdiction est absolument puérile. Les fusils à piston ne sont pas plus dangereux dans les mains des noirs que les fusils à silex, moins même à mon sens, si l'on réglemente intelligemment la vente des capsules.

Enfin, l'introduction dans notre territoire des fusils à piston se fait malgré toutes les prohibitions avec la plus extrême facilité.

Les indigènes n'ont qu'à se rendre sur le Chiloango où ils les achètent à volonté. Aussi, dans tous les villages, de la côte à la plaine des *Iangalas* et jusqu'à *Manyanga*, y en a-t-il à profusion, nous l'avons constaté *de visu* journellement.

J'ajoute que sur la frontière il n'existe aucune surveillance. Les produits qui vont au Congo-Portugais, ainsi que les marchandises qui en viennent, ne sont soumis à aucun droit d'exportation ou d'importation. La fraude se pratique effrontément et impunément, non seulement dans le *Mayombe*, mais même dans la région maritime.

C'est ainsi que le comptoir français établi à *Massabe* n'achète presque plus de produits, parce que tous les indigènes qui exploitent le palmier dans la région de *Fouta*, au Nord de Massabe, vont vendre leur huile et leurs amandes au *Chiloango* en traversant la frontière à l'Est et sur les derrières de notre poste frontière.

Ne serait-il pas du devoir le plus élémentaire, le plus rigoureux de la Colonie, puisqu'elle veut imposer sur tous les produits du négoce des droits, à mon avis trop considérables, de protéger au moins les commerçants établis sur son territoire et de s'opposer efficacement au passage sur le territoire portugais de nos produits indigènes ?

D'ailleurs j'y reviens, je crains que le bassin de la Loëmé et toute la région frontière soient quelque peu ignorés, sinon totalement, par les chefs de la colonisation. Au moins, est-il certain que l'autorité française y est absolument méconnue.

Cette contrée est riche, pourtant. Le palmier, la liane et l'arbre à caouchouc y viennent en grandes quantités; on y rencontre de gros centres de population.

Avec une administration avisée, moins préoccupée de réaliser des recettes par l'imposition de droits le plus souvent vexatoires et impolitiques, nous pourrions, j'en ai la conviction, favoriser nos négociants en faisant respecter leurs droits, exploiter intelligemment et avec profit une terre qui ne demande qu'à produire, assurer la sécurité dans les transactions commerciales et percevoir, comme il est juste, l'impôt chez les indigènes.

Je me répète en disant que désormais, la création d'un poste à Chimpèze est devenue une nécessité. Ce poste surveillerait utilement la frontière, enrayerait la fraude qui s'y fait au grand jour, combattrait l'influence portugaise qui est prépondérante sur notre territoire et assurerait la police dans le Mayombe, mis en exploitation éhontée par les bandes de pirates dont j'ai parlé plus haut.

Nous avons également constaté que l'Administration locale se désintéresse un peu trop de l'entretien des voies de communication. Ainsi, la Loëmé, qui est une voie naturelle, pourrait être rendue facilement navigable jusqu'au-dessus de *Kulla*. Actuellement elle est presque continuellement obstruée par les arbres tombés de ses rives et par des épaves de toutes natures qui, lors de la saison des pluies, sont roulées et entraînées des montagnes du Mayombe jusque dans le bas fleuve. Je sais qu'il serait facile de remédier à cet état de choses et par quelques sacrifices consentis et par des corvées indigènes qui devraient être exigées à titre de prestation.

Une passerelle doit être jetée sur la Loëmé, à Kulla. Il y a beau temps que l'utilité, l'urgence, dirai-je même, en a été signalée à l'administration locale. Mais, c'est un fait, que jusqu'à ce jour l'administration locale néglige singulièrement le sud de notre colonie.

La Loëmé, dans son cours navigable et commercial, forme un barrage presque infranchissable pour les indigènes qui ne disposent pas d'embarcations.

Pendant la saison des pluies ses rives sont inondées sur d'immenses superficies; en saison sèche son lit est d'autant plus profond qu'il devient plus étroit et, du reste, il est, en tout temps, infesté de milliers de caïmans.

Aussi, en raison de ces difficultés, puis un peu également par défiance naturelle, les *Bavilis* et les *Mayombés* ne veulent-ils pas s'établir directement sur les bords de la rivière? Aucun village ne s'élève sur les rives de la Loëmé.

Qu'arrive-t-il? Lorsque des caravanes de négoce, des individus engagés par l'administration ou des particuliers, des indigènes amenés à faire régler leurs *palabres* intestines ou leurs procès par les autorités, veulent se rendre à Loango, ils arrivent en vue de la Loëmé. Comment la traverser? Souvent, trop souvent, ils sont forcés de revenir sur leurs pas et de rentrer chez eux, si la factorerie de Kulla où les quelques pêcheurs qu'ils peuvent rencontrer, se refusent à leur faire franchir la rivière. Or, ce ne sont pas seulement quelques individus qui se présentent journellement à Kulla, mais bien souvent des caravanes entières chargées de produits qu'elles projettent d'écouler à *Loango*, même, où elles trouveront toujours plus de choix et une rémunération plus appréciable dans les marchandises qui leur seront offertes en échange.

Je trouve tout naturel que les comptoirs de la Loëmé ne se mettent pas, sur leur domaine, à la disposition des indigènes et qu'ils ne se soucient pas de leur fournir les moyens d'aller vendre à des concurrents les produits que ces indigènes refusent de leur livrer, à eux. Au surplus, les comptoirs de la Loëmé iraient-ils servir d'intermédiaires dans les rapports des naturels avec l'administration locale ?

Mais un tel rôle exigerait du temps et de l'argent. Et vraiment, l'administration locale leur montre si peu de sollicitude !

Quelques milliers de francs suffiraient à résoudre la question une fois pour toutes. Ce serait là une dépense intelligente et politique. Est-ce là, en toutes occasions, une raison suffisante des déterminations nécessaires ? Je ne saurais l'affirmer. Mais, dans l'espèce, reconnaissons que, faute d'agir, nous aurions mauvaise grâce à nous plaindre de l'émigration et du courant commercial, chaque jour plus accentués, vers le *Chiloango*.

Simplement, pour mémoire, je signalerai ici les plaintes que les Européens de la région ont cru devoir m'exprimer, bien que je n'eusse aucune qualité tant pour être leur porte-parole que pour apprécier leurs doléances. Il s'agit du service postal. Jadis, il y avait un courrier piéton qui, chaque semaine, assurait la poste entre *Massabe*, *Loango* et le *Bas Quillou* et *vice versa*; ce courrier a été supprimé par raison d'économie !

Une ligne télégraphique aérienne existe. Elle pourrait remplacer avantageusement le courrier, mais elle est presque totalement absorbée par le service de l'administration.

De *Massabe* à *Loango*, sur une distance de soixante kilomètres, les télégrammes des particuliers mettent pour parvenir à destination, quand ils y parviennent, un maximun de vingt-quatre à quarante-huit heures !

Cela est un fait.

Parlerai-je des essais de culture tentés dans la région de la Loëmé ? Ils ont été sincères ; mais les résultats en sont à peu près négatifs. Les plantations de café qui existent depuis huit et dix ans au Caïo ont dû être abandonnées. Leur rendement ne parvenait pas à compenser les dépenses énormes d'entretien, de culture, de récolte, de décortication, de transport qu'il comportait. Le sol, d'ailleurs, en dépit des résultats factices obtenus, est peu propice à la culture du café et pas davantage à celle du cacao.

Enfin la main-d'œuvre devient de plus en plus chère. En effet, en même temps que chez nous les marchandises d'Europe se trouvaient considérablement majorées du fait des nouveaux droits de douane, la concurrence se faisait plus active chez nos voisins, et, partout, la main-d'œuvre devenait de plus en plus exigeante et difficile. Les indigènes préfèrent offrir leurs services surtout au Congo belge qui, avec l'enclave de *Cabinda*, est aussi notre voisin dans le *Chiloango*. Ils s'engagent chez les Portugais et les Belges comme terrassiers, comme porteurs, domestiques, tailleurs, cuisiniers, etc.

Notre administration emploie des moyens illusoires, je dirai même enfantins, pour essayer d'enrayer l'émigration. Je veux parler des formalités et des droits qu'elle exige, par exemple, pour l'embarquement, dans nos ports, des sujets français.

D'autre part, elle s'est refusée jusqu'à ce jour à ratifier les contrats de travail et à appliquer des sanctions pénales, en cas de dol ou de rupture des contrats. Les parties de mauvaise foi ont donc beau jeu, au détriment des intérêts politiques, économiques et commerciaux de la colonie.

Quelques remarques encore au sujet de certaines compagnies concessionnaires. Il en est qui ne craignent pas de venir recruter en dehors de leur domaine, et en particulier, dans la province de *Loango*, une main-d'œuvre qu'elles se garderaient bien de chercher chez elles. Pourquoi?

Là encore, j'estime que nous devrions protéger les naturels. Ou bien, confessons sans ambages qu'à toutes les causes de ruine que j'ai dû citer, il nous plaît d'en ajouter une nouvelle, et que notre indifférence et notre abstention fassent un désert de ce beau pays, encore riche et parfaitement intéressant, je le répète. Ajoutons que nous n'avons pas de plus pressant souci que d'en chasser les quelques colons et commerçants qui luttent encore et quand même. Ces derniers ne sont-ils pas suffisamment écrasés par les droits de douane, les patentes, les licences, l'impôt foncier, etc.

Je crois fermement qu'en la matière, il y aurait peut-être bien des choses à modifier, à réformer ; que l'administration locale pourrait se montrer d'autant moins indifférente qu'elle est plus exigeante, et qu'elle devrait au moins défendre les nôtres contre la fraude et contre la concurrence étrangère.

Parlerai-je des impôts, que, le jour où nous voudrons la fin c'est-à dire les moyens, nous exigerons une bonne fois des indigènes? Je pense que seules les taxes de capitation seront effectivement et utilement applicables.

Mais, là encore, il faudra beaucoup de tact et d'habileté, et dans l'établissement de ces taxes et pour leur perception.

La charge, dans la région que nous avons visitée, en incombera au chef de poste de *Chimpèze*.

Il aura affaire avec des populations certainement douces et maniables, mais toutefois quelque peu susceptibles et ombrageuses.

Il appartiendra donc à l'autorité supérieure de savoir choisir son délégué.

Elle devra lui laisser une grande initiative, sauf à augmenter sa responsabilité en raison directe de son initiative.

Ce serait sortir de mon rôle que de m'étendre plus longuement sur des questions qui relèvent du Gouverneur du Congo. Je les ai effleurées parce que, Commissaire du Gouvernement, chargé d'une mission de délimitation, j'ai été appelé à revoir une région que j'avais parcourue et bien connue jadis. Cette région m'a d'autant plus intéressée, qu'elle est encore dans le domaine libre de l'Etat et, que pour ce motif, dirait-on, elle semble être tout à fait négligée, alors qu'il y aurait tant à y entreprendre, et tant de facilités pour en faire un domaine superbe.

En matière coloniale, l'indifférence de l'État peut, d'aventure, devenir un gage de prospérité pour un pays.

Encore, cette indifférence doit-elle être méditée, et absolue. Sinon elle n'est proprement que de la négligence et de l'imprévoyance. Négligence d'autant plus coupable, imprévoyance d'autant plus néfaste dans le Sud du Congo qu'il s'agit d'une zone frontière.

OBSERVATIONS MÉTÉOROLOGIQUES

Du 2 juillet au 25 août, les courbes barométriques et thermométriques ont été données par le barographe et le thermographe appartenant à la délégation portugaise et dont ci-joint copies.

A dater du moment de la dislocation de la Commission, soit le 28 août, les pressions et les températures ont été notées cinq fois par jour sur le baromètre anéroïde et le thermomètre fronde.

Ces dernières observations portent donc sur le mois de septembre.

Le temps a été relativement beau jusqu'au 9 août. A dater de ce jour le ciel devient gris, l'atmosphère est humide, les vents du N.-N.-O. se font sentir.

Le 12 août, à Chidumba, la mission reçoit une première bourrasque assez forte, accompagnée de pluie ; la brise ne tombe que vers les 2 heures du matin, le 13.

Du 13 août au 2 septembre, les mêmes vents du N.-N.-O. se font sentir. Ils se lèvent vers 2 heures de l'après-midi et durent jusqu'à minuit et une heure du matin. Leur force peut être cotée à 8 (*10 étant un maximum*), de 8 heures à 10 heures du soir. Nous avons d'ailleurs remarqué, à peu près régulièrement, que vers 5 heures du soir l'aspect du ciel annonçait la recrudescence de la force du vent et les nuages supérieurs étaient entraînés rapidement alors que les zones inférieures restaient encore relativement calmes.

Du 9 août au 2 septembre, la commission a opéré dans et à proximité de la plaine des Jangalas qui semble être un long et large chenal desséché.

Il est donc à présumer que ce long couloir orienté N.-N.-O. influait singulièrement sur la direction générale et la violence de la brise.

Nous avons noté les premiers orages et coups de tonnerre à notre arrivée le 9 septembre à Kulla Mando, sur la rivière Loëmé.

Ils étaient accompagnés d'averses assez violentes mais de courte durée.

Puis à la date du 15 septembre le temps est resté couvert et pluvieux jusqu'au 2 octobre, jour où nous sommes arrivés au poste frontière de Massabe à l'embouchure de la Loëmé.

A nouveau nous avons pu constater les caractéristiques de la saison qu'il est convenu d'appeler petite saison des pluies.

A la côte, jusque fin octobre, temps couvert, ciel très chargé le matin, brumes et forte tension hygrométrique. Pas de pluies à proprement parler, la condensation et la précipitation des vapeurs accumulées sur la mer allant se faire sur la région boisée et mouvementée du Mayombe.

Le minimum de la température 14° a été observé le 5 août à Chidumba, à 8 heures du matin.

Le maximum 32°, le 8 septembre, à midi, en cours de route, entre M'Bouco-M'Bouiti et Kulla-Manco.

RECENSEMENT

NOTA

Les lettres A, B, C, etc. indiquent les terres où un recensement sommaire a été fait par la Commission durant ses travaux.

Les chiffres donnés n'indiquent donc pas le nombre total des cases existantes dans une région ou une province, mais celui seul relevé par la mission sur ses itinéraires. Ils peuvent néanmoins donner un aperçu de l'importance et de la densité de la population dans les régions traversées.

Il faut compter une moyenne de six individus par case, savoir : un adulte mâle, chef de famille, deux femmes, deux enfants, un esclave mâle.

Une fois encore ce chiffre de six est loin d'être absolu, il varie en raison directe des hommes libres qui ont plus ou moins de femmes, d'enfants, et d'esclaves mariés ou non.

Ce n'est qu'une moyenne basée sur la totalité de nos observations personnelles.

IMPRIMERIE BERTHAUD, PARIS

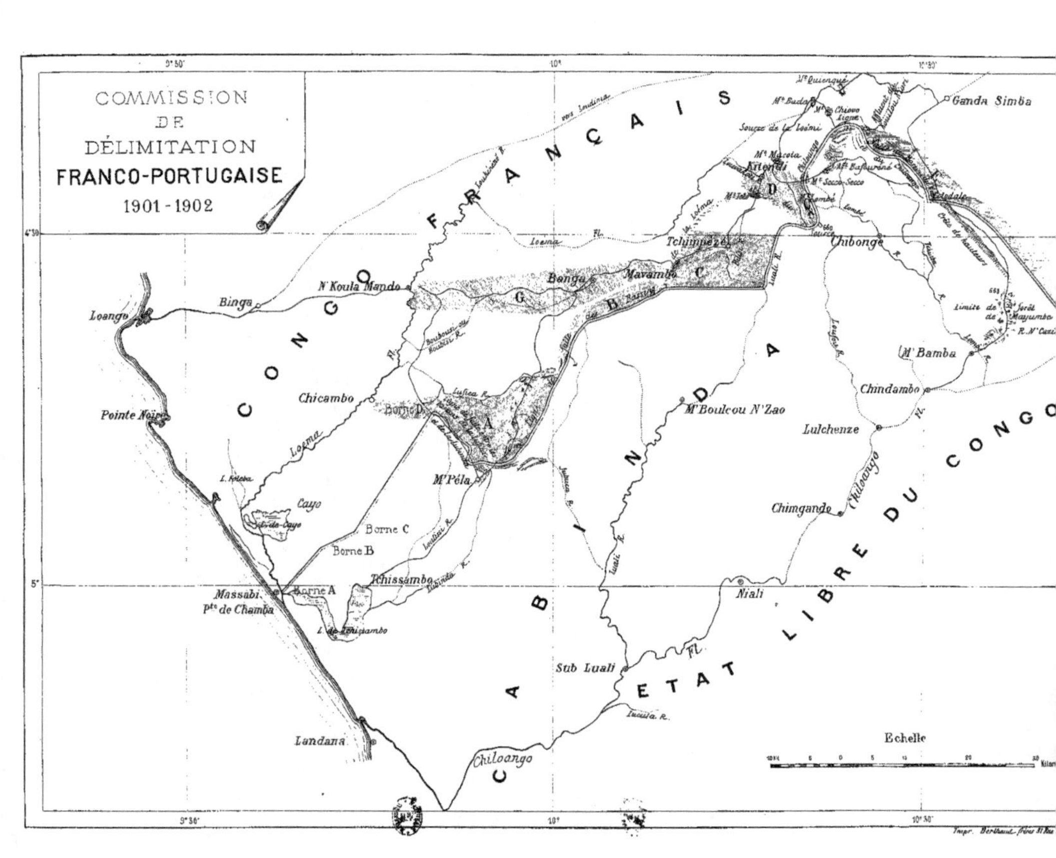

COMMISSION
DE
DÉLIMITATION
FRANCO-PORTUGAISE
1901-1902
CONGO FRANÇAIS
CONGO
CABINDA
ETAT LIBRE DU CONGO
Loango
Binga
N'Koula Mando
Pointe Noire
Chicambo
Loema
Cayo
Pte de Cayo
L. Kileba
Massabi
Pte de Chamba
Borne A
Borne B
Borne C
Tchissambo
L. de Tchissambo
Landana
Chiloango
M'Péla
Borne D
A
G
Bonga
Mavambo
C
Tchimpe
Chibonge
M'Boulcou N'Zao
Lulchenze
Chindambo
M' Bamba
Chimgande
Niali
Sub Luali
Ganda Simba
Artondi
D
M' Macota
Source de la Loémé
Loéma
Echelle

Extrait du *Compte rendu du Vingt-Troisième Congrès.*

RAPPORT

SUR

LA CONCURRENCE DÉLOYALE

Par Me LAINÉ

NOTAIRE À TOURS

ROUEN

IMPRIMERIE LÉON GY -:- ALBERT LAINÉ, SUCCESSEUR

5, RUE DES BASNAGE, 5

1914

RAPPORT

SUR

LA CONCURRENCE DÉLOYALE

Par Mᵉ LAINÉ

NOTAIRE À TOURS

ROUEN

IMPRIMERIE LÉON GY -:- ALBERT LAINÉ, SUCCESSEUR

5, RUE DES BASNAGE, 5

1914

RAPPORT

sur

LA CONCURRENCE DÉLOYALE

Mes chers Confrères,

Concluant dans une affaire d'usurpation des fonctions notariales, Me Guyho, avocat général à la Cour de Cassation, en 1858, s'exprimait ainsi :

« Dans les premiers temps le droit de constater authentiquement la vérité des conventions se confondait avec celui de rendre la justice. Peu de gens savaient écrire. Des scribes étaient chargés de mettre par écrit la volonté des parties contractantes ; mais ces actes n'avaient par eux-mêmes aucune forme authentique et exécutoire. Pour leur imprimer le caractère de l'authenticité, les parties qui y avaient figuré devaient les pré-senter aux juges, et c'était seulement par leur inscription sur les registres d'audience qu'ils acquéraient la certitude et la force exécutoire qui s'attachent aux jugements eux-mêmes. Plus tard, les juges ne purent suffire à l'exercice de ces attributions multiples, et ce fut alors que l'on créa des fonctionnaires spéciaux qui, toujours sous le contrôle de la Justice, furent investis de la mission de recevoir les actes et de leur conférer le caractère de l'authenticité. Telle est l'origine du Notariat. Ses fonctions se composent donc d'une sorte de démembrement des attributions de l'autorité judiciaire. »

Et il ajoutait :

« Les notaires qui ont pour attributions de suppléer à la vérification de l'écriture et de conférer par un privilège qui leur est propre l'authenticité aux actes exercent une partie de l'autorité judiciaire. Faut-il s'étonner dès lors que M. le Conseiller d'Etat Réal les appelle des espèces de juges, que Favard de Langlade voie en eux une Magistrature et dise en termes formels qu'ils exercent une partie de l'autorité de la Justice. »

Messieurs,

Au début de cette étude sur la concurrence illégale ou déloyale faite au Notariat, il me convient de rapporter ces paroles qui définissent d'une manière précise l'origine de notre fonction, de les placer pour ainsi dire en épigraphe de ce travail, de rendre en même temps hommage à la Cour suprême où elles ont autrefois retenti, de trouver, à l'abri de son grand nom, un patronage, un appui. Il me convient enfin d'en dégager la philosophie, de faire ressortir les deux grandes idées qu'elles renferment.

La première, c'est que le notaire est une « sorte de juge ». C'est qu'il détient une portion de l'autorité judiciaire. Un artiste célèbre, Robert Roettiers, au xviiie siècle, s'en inspirait quand il gravait pour une de nos Compagnies une médaille représentant la Juridiction volontaire ou Notariat sous les traits d'une femme élevant sa plume et ses balances, comme le fait la Justice symbolisée. Le notaire, lui aussi, exerce une magistrature.

La seconde, c'est que cette magistrature est sortie autrefois — il y a bien longtemps — des besoins du peuple.

Avant d'être coulée dans le moule puissant de la loi de ventôse, votre Institution a déjà ses racines profondes dans la coutume. Elle est issue de la tradition avant d'avoir été consacrée par la loi. La pratique a devancé la théorie. Les rapports de la vie contiennent ainsi en eux-mêmes les lois qui doivent les régir ; la meilleure loi est souvent celle qui consacre les faits acquis.

Et, sur les conclusions de M. l'avocat général Guyho, la Cour suprême, confirmant un arrêt de Paris, proclamait que les motifs d'ordre public et d'intérêt général qui ont présidé à l'institution du Notariat ne permettent pas « que dans chaque localité, près du fonctionnaire investi de la confiance, de l'autorité et réunissant les qualités exigées par la loi, vienne se placer un agent d'affaires attirant à lui la clientèle par l'appât d'honoraires au rabais et compromettant par de tels moyens les intérêts les plus précieux des citoyens. Elle reconnaissait que la loi enveloppe sous sa protection tous les fonctionnaires publics sans distinction de leur nature, qu'elle soit politique ou simplement civile ou sociale ; que cette protection s'étend par suite aux notaires, qui, s'ils ne participent pas à l'action publique du pouvoir, sont des délégués dans l'exercice d'une portion de l'autorité judiciaire. Elle faisait application de l'article 258 du Code pénal qui punit l'usurpation des fonctions publiques ».

Telle était la jurisprudence posée en 1858. Est-elle toujours appliquée ? Le notaire reçoit-il toujours la protection qui lui est due ? Est-il défendu contre les faits d'immixtion et d'usurpation ? C'est ce que je me propose d'examiner rapidement avec vous.

Et d'abord quelles sont les causes, les principaux cas d'immixtion et d'usurpation ?

Dans son savant traité de la *Responsabilité civile des Notaires*, M. Bauby signale le nombre croissant, exagéré des actes sous signatures privées. « Le développement général de l'instruction, dit-il, a contribué dans une large mesure à ce résultat, qui, sous ce premier aspect, mérite d'être envisagé par le Notariat comme un mal nécessaire accepté avec résignation, puisqu'il procède d'un plus grand pas effectué dans la voie du progrès. Mais le facteur principal de cet état de choses doit être cherché dans le nombre sans cesse augmentant des rédacteurs de ces actes : maires, secrétaires de mairie, géomètres-arpenteurs, surtout instituteurs, greffiers de justice de paix, agents d'affaires, qui, malgré les prohibitions fréquemment renouvelées, tendent de plus en plus à se substituer aux notaires et leur font une concurrence acharnée ».

Nous citerons des exemples, quelques-uns postérieurs à cette affirmation : ils en démontreront l'exactitude.

C'est un instituteur, dans le département de l'Indre-et-Loire, qui rédige de sa main un testament olographe, le fait signer par le testateur, l'assure que toutes les précautions sont bien prises pour le jour où il ne sera plus, que ses volontés dernières seront exécutées.

C'est encore un instituteur qui rédige le partage d'une succession dans lequel sont intéressés des mineurs, et le fait signer sans tenir compte des prescriptions tutélaires du Code de procédure.

C'est un expert-géomètre qui règle les conventions matrimoniales de deux époux. Il déclare qu'ils adoptent le régime de la communauté légale. « Mais voulant qu'au moment de la dissolution de la communauté, les héritiers de part et d'autre puissent facilement reprendre ce qui pourrait leur appartenir dans leurs successions, il dresse la reconnaissance de leurs apports ». Suit la reconnaissance, pour l'établissement futur des reprises. A côté des signatures est apposé le cachet du Syndicat des arpenteurs-géomètres.

C'est le même expert qui procède au partage d'un immeuble indivis. Deux propriétaires sur trois ne savent signer. On le constate. « Telles sont, bien entendu, est-il dit, toutes les conventions des parties qui ont déclaré ne savoir signer après lecture faite de tout ce que dessus à l'exception de M. X.... déclarant bien toutes les parties comparantes que ce petit acte renfermait et contenait exactement leurs idées et volontés, et qu'ils ont dit bien comprendre. En foi de quoi nous avons clos et arrêté ledit sous seings pour servir, valoir aux besoins et à qui de droit ».

C'est un garde champêtre qui procède à un inventaire après décès, de la manière suivante :

« L'an mil neuf cent neuf, le lundi douze avril, à midi, dans une maison située à.....

A la requête de...

« M.

« Agissant en son nom personnel :

« 1° A cause de la communauté légale qui a existé entre lui et sa défunte épouse, et à défaut de contrat de mariage ;

« 2° En raison des reprises qu'il peut avoir à exercer contre ladite communauté.

« En présence du représentant de la famille de l'époux prédécédé.

« Il va être par moi, garde champêtre, commis par M. le Maire, procédé à un inventaire fidèle des meubles et objets mobiliers, titres, papiers, argent, déclarations actives et passives... »

Le pseudo officier ministériel procède à la prisée du mobilier. S'appuyant sans doute sur un formulaire, il essaie d'adapter la clause de style à la réalité, il pose des questions sur les reprises et les récompenses, oh, combien brèves ! glisse rapidement sur l'analyse des papiers, et arrive aux déclarations générales actives et passives. Mais il ne manque pas de faire lever la main pour qu'il soit juré devant lui « que les parties n'ont rien pris ni détourné, vu ni su qu'il ait été rien pris ni détourné », selon le langage même du Code de procédure. Enfin, après avoir indiqué le nombre de ses vacations, sous toutes nouvelles protestations et réserves de droit, il clôt l'opération avec la gravité du célèbre forgeron écossais de Gretna Green, qui jouait près de son enclume le rôle de maire, et procédait, le marteau sur l'épaule, à l'union de ceux qui venaient requérir son ministère matrimonial.

C'est un adjoint au maire qui dresse des bilans de situation après décès, bilans qui se rapprochent tantôt de l'inventaire, tantôt de l'état mobilier. L'héritier porte cet acte au bureau de l'Enregistrement en vue de la déclaration de succession. On lui réclame les polices d'assurances pour l'évaluation du mobilier. On lui en explique le motif, l'article 7 de la loi de 1901. Comment, la pièce qu'il a présentée ne vaut rien ! Mais cela est impossible, c'est M. le Maire qui l'a faite !

Ces irrégularités ont nécessité l'intervention du Parquet, et j'extrais les lignes suivantes d'un journal publié à Tours le 11 février 1913.

« L'attention du Parquet a été attirée sur un usage défectueux. Dans quelques communes, certains actes de la compétence des notaires, comme les inventaires, sont dressés par le maire, quelquefois par le garde champêtre.

« M. le Procureur de la République a cru devoir faire cesser cette habitude, souvent nuisible à ceux-là même auxquels on voulait rendre service.

« Une circulaire a été envoyée dans ce sens aux Municipalités rappelant que les personnes dont s'agit se rendent coupables du délit d'usurpations de fonctions que le Code pénal punit de peines correctionnelles. »

Je ferai un emprunt encore à la Presse de Tours en rapportant cette insertion faite par un agréé du Tribunal de Commerce.

« A céder à l'amiable fonds d'entrepreneur, comprenant : clientèle, etc... les offres devront être faites sous pli cacheté et déposées en l'étude de M. X... au plus tard le mercredi 5 mars 1913. »

Cette forme de vente constitue une adjudication déguisée. Les adjudications soit amiables, soit judiciaires ne peuvent être faites que par les officiers publics préposés à cet effet, au nombre desquels les agréés ne figurent pas.

Je ne vous ai pas encore parlé des ventes. Il en sera question tout à l'heure. Elles m'auraient fourni d'autres exemples. Ceux que je vous ai rapportés ne sont pas des abstractions. Ils ont trait à des faits qui se sont passés dans le département de l'Indre-et-Loire. Il serait possible de situer les lieux où ils se sont déroulés, les personnes qui en ont été les acteurs et les témoins plus ou moins conscients. Il ne faudrait pas en conclure cependant que ce département soit un champ d'expériences où lève, où mûrit plus aisément qu'autre part l'infraction à la loi. Je vous raconte seulement ce que j'ai vu, et si j'avais promené mes regards plus loin, dans les autres départements, ils auraient découvert comme vous le découvririez vous-même, des faits semblables de concurrence illégale. Combien ne pourriez-vous en citer ?... L'infraction à la loi, comme la loi elle-même, a sa source dans les passions humaines. Leurs auteurs sont sortis de leurs attributions, ils ont dépassé leur droit par ignorance, par ambition, aussi par intérêt. Ils n'ont pas voulu faire attention aux prescriptions de la loi. Ils ont passé outre. Ils ont fait sans aptitude un acte déterminé, réservé à ceux qui ont travaillé pour avoir l'aptitude; ils ont commis une faute, sans l'intention de nuire le plus souvent; ils se sont rendus coupables d'un quasi-délit.

A côté de la concurrence illégale, il est pour le notaire une autre concurrence plus redoutable : c'est la concurrence déloyale. La première était produite par des faits d'immixtion isolés, intermittents. La seconde, au contraire, résulte d'un ensemble de faits continus, enveloppants ; elle est moins précise, mais elle est plus profonde et plus vaste. Elle est exercée par certains agents d'affaires.

Je dis par certains agents d'affaires. L'une des prémisses étant particulière, la conclusion ne peut être universelle. Je me garde d'étendre l'accusation à tous. Au contraire il me plaît de reconnaître l'honnêteté, la droiture de certains autres. L'esprit droit, éclairé, est celui qui, dans toute situation, joint au sens pratique, à la précision des idées, l'habitude de la bonne foi et le sentiment du devoir. Il est de ces esprits dans toute profession, qui selon celui qui l'exerce peut être conçue avec élévation ou ramenée à un niveau inférieur.

Sans doute tout particulier peut actuellement rédiger lui-même ou faire rédiger par un mandataire de son choix les actes sous seings privés pour lesquels le ministère du notaire n'est pas indispensable. Chacun est libre sous ce rapport. A défaut des principes sur la liberté des conventions et de leur forme, ce droit a été consacré par un avis du Comité d'Etat du 1er avril 1808. De ce chef, le champ d'action des agents d'affaires est assez vaste, et il ne s'agit pas ici de restreindre la liberté du mandat. Mais ces principes, ce droit, ont leur corollaire dans le respect et l'inviolabilité des droits d'autrui. Ceux-ci sont déterminés soit par les principes généraux du droit, qui défendent de causer un dommage, soit par des lois spéciales qui, pour des motifs économiques ou financiers, consacrent un monopole au profit de l'Etat ou de particuliers.

Ne respectent point les droits d'autrui ceux qui, de mauvaise foi, agissent avec l'intention de produire une confusion ou de jeter le discrédit. C'est ce qu'on appelle la concurrence déloyale.

Installer au-dessus de sa porte, à la manière des notaires, un double panonceau ovalaire, donner à son bureau la dénomination d' « Agence notariale », faire paraître des insertions dans les journaux ou sur les murs des affiches dans lesquelles les mots « Agence notariale » attirent l'attention du lecteur, annoncer une vente d'immeubles par affiches, lire un cahier de charges devant des acquéreurs, provoquer des enchères et refuser à un amateur d'enchérir parce que le feu de l'adjudication vient de s'éteindre, faire connaître par prospectus que, sans vouloir se parer du titre de notaire-conseil décerné par un projet de loi aux futurs conseillers et mandataires des parties, on exerce le rôle et la profession assignée pour l'avenir à ces notaires privés, annoncer que pour la rédaction des actes ainsi obtenus, il sera fait une réduction d'au moins 50 o/o sur le tarif légal des actes notariés, ce sont là, entre beaucoup d'autres, des exemples de la concurrence faite au notaire par l'agent d'affaires déloyal, le seul dont je veux parler.

S'il lui est permis de mettre en relief son habileté, son talent, de se faire valoir, de chercher à éblouir le public par de grands mots, il lui est défendu de s'occuper du notaire, de ses actes, de sa fonction, de son tarif légal, de les mettre en parallèle, de les dénaturer, de faire naître une confusion pour détourner sa clientèle et l'amener chez lui. Ces agissements de mauvaise foi, ces manœuvrs qui contiennent une relation de cause à effet entre l'usurpation des fonctions et le résultat, avec l'indication d'un pouvoir et d'un crédit exagéré constituent le délit.

Cette confusion préméditée tend à induire en erreur.

Le public trompé ne discerne plus la différence entre le notaire créé par la loi et l'agent qui s'est improvisé son conseiller.

Il s'imagine que ce dernier peut dresser les testaments et les donations, les inventaires, les contrats de mariage et les actes concernant le régime hypothécaire.

Il oublie que seuls les actes du notaire sont authentiques, qu'ils sont opposables aux tiers, qu'ils font foi à l'égard de tout le monde, qu'ils ont la force exécutoire, tels des jugements ; qu'ils demeurent malgré le temps qui s'écoule, que leurs minutes invariables survivent aux objets variables des contrats ; que ces contrats, témoins de la vie privée, comme des réserves invisibles, sont soustraits à la divulgation, par l'obligation, par l'inviolabilité du secret.

Egaré, il ne prend plus garde à tout cela. Il subit la suggestion. Il pense par images. Il a vu des affiches, il a lu dix fois, vingt fois : « Rabais de 5o o/o sur les actes notariés » ou bien encore : « beaucoup de personnes croient que le ministère des notaires est obligatoire pour tous les actes : grave erreur. L'acte sous seings privés a la même foi que l'acte notarié. Pour faire réaliser au public une grosse économie sur les frais d'actes notariés, M. X... vient de fonder... » Cette perception s'installe dans son esprit. Il se laisse entraîner. Au fond du cabinet de l'agent d'affaires la loi apparaît plus familière, moins indiscrète, moins dure que dans l'étude. « Les gens du peuple, dit Balzac, ont peur des officiers ministériels comme ils ont peur des restaurants fashionables. Ils s'adressent à des agents d'affaires comme ils vont au cabaret. Le plain pied est la loi générale des différentes sphères sociales ».

Le public n'aime pas les raisonnements, les déductions, les preuves qui le troublent, qui l'embarrassent ; il préfère les affirmations qui consacrent les désirs ; il saisit la diplomatie simple de l'agent d'affaires qui, profitant de la confusion qu'il a créée, sait se faire entendre sans se compromettre, qui indique toujours une solution dont le compte semble s'établir à moins de frais.

Ce compte est d'autant plus facile à dresser que l'agent d'affaires, affranchi de toute discipline, n'est tenu de recouvrer aucun droit, aucun impôt, de se préoccuper d'aucune formalité.

Il n'en est pas plus responsable que de ses conseils. S'il n'a pas l'horreur de la responsabilité, il a le plus souvent le culte de l'incompétence. Dans un projet de loi dont il sera question plus loin, M. Brunet, député, signale cette incompétence, ce danger qui s'étend jusqu'au dol, jusqu'à l'abus de confiance.

Cependant la Justice est désarmée et tolérante à son égard.

Désarmée, en matière correctionnelle, quand elle classe un abus de confiance. Pour suivre sur un abus de confiance, au-dessus de 150 francs, il faut une preuve écrite. On ne la trouve jamais et pour cause. On sait comment le délit existe, comment il a été commis. On ne fait rien. On ne peut rien faire.

Tolérante, en matière civile, quand elle ratifie les plus larges rémunérations, et libère le mandataire du principe supérieur de la taxe.

Le rôle de l'agent d'affaires est allégé. Celui du notaire est alourdi. Il exerce une magistrature. Il est le conseiller responsable des parties, et l'on sait de quel poids on a chargé cette responsabilité, responsabilité personnelle incombant au mandataire, responsabilité professionnelle incluse pour lui dans toute affaire, alors même qu'il n'en a pas été la cause ou le négociateur. Un professeur à la Faculté de Droit a pu dire non sans raison qu'à côté des garanties réelles et personnelles organisées par le Code existait une garantie latente, la garantie notariale. Le notaire représente la loi qui lui donne un reflet d'autorité rigide, qu'il est chargé d'appliquer sans se tromper, sous la foi de son serment; « Parce que cela est contraire à la loi », il est obligé continuellement de contrarier, d'endiguer les volontés des contractants, de s'y opposer, de déjouer les tentatives de dissimulation, d'évasion fiscale. Il devient le conseiller fâcheux. Il représente les intérêts de l'Enregistrement dont il est constitué le percepteur né, dont il remplit la caisse de plusieurs centaines de millions. Il lui a été uni sans le vouloir. Cette alliance est gênante. A cause d'elle il se débat contre les anomalies des règlements; il cherche en vain à faire comprendre. Allez donc par exemple justifier les tours de force exécutés pour parvenir à l'homologation d'une liquidation dans les vingt jours, c'est-à-dire avant l'enregistrement du jugement d'adjudication. Il sera astreint à terminer un travail de liquidation compliqué, il devra le faire enregistrer, copier, le remettre par les voies ordinaires au Tribunal qui fera un rapport, rendra son jugement, le tout dans un délai précipité. Quel surmenage inutile et comme il serait aisé de corriger. Et cette alliance gênante devient nuisible. Le fisc prend ce qu'il peut et comme il le peut, a-t-on dit (1). Les successions ont été menacées de gros droits; malgré les protestations (2), ils ont été établis et le notaire chargé de la déclaration de succession est forcé de réclamer des droits énormes pour l'Etat. On lui en tient rigueur comme au délégué chargé d'une commission désagréable. Il devient le conseiller suspect. Et l'évasion fiscale, contre laquelle il s'est élevé le premier, a commencé.

Il est menacé actuellement d'un autre danger : d'un rapprochement encore plus étroit avec son allié terrible, de l'inspection de son étude par l'agent de l'Enregistrement, agent de l'Etat. Sans doute, à son point de vue particulier, il lui importe peu que l'inspecteur soit un agent de l'Etat ou un confrère. Dans l'un comme dans l'autre, il ne verrait que l'inspecteur. Sa crainte a d'autres raisons plus profondes. L'agent de l'Enregistrement qui inspecterait une comptabilité aurait un rôle différent du même agent, du receveur qui taxe déjà des actes isolés. Il lui serait aisé de suivre la vie des personnes, de les prendre au

(1) Chambre des Députés du 2 juin 1908, *Journal officiel*. Deb. Parl. 1024.
(2) Chambre des Notaires de Paris. Rapport de 1907.

commencement de leur mariage lors du contrat, d'examiner les aliénations faites par les époux pendant leur union, de fouiller les successions recueillies, de s'appesantir sur la liquidation qui marque la dissolution de la communauté, de rapprocher entre elles toutes ces manifestations de la vie civile, de connaître ainsi la situation, l'histoire des familles. Il n'y a que chez les notaires qu'on peut la trouver entière. Ce serait mettre à nu leurs actions, leurs gestes, le résultat de leurs efforts, ravir leurs secrets, découvrir le foyer. Jamais le Français ne s'y soumettra. Il vient auprès de nous parce qu'il nous sait dégagés du contrôle de l'Etat. Sa fierté, sa dignité repousserait ce contrôle; plutôt que de le subir, il placera ses fonds à l'étranger. Il nous considérera comme le conseiller impossible, nous abandonnera ; à notre place il prendra un guide moins officiel, moins dangereux : l'agent d'affaires. Vous le voyez, j'avais l'air dans une digression d'être sorti de la question, tandis que je ne m'en étais pas écarté.

Après avoir montré les conséquences de la confusion que l'agent d'affaires cherche à établir entre le notaire et lui, le trouble qu'elle produit dans l'esprit des timides, des inquiets, des ignorants, des faibles, j'ai voulu faire ressortir, si besoin était, la différence des rôles, sous le rapport de leur nature, de leur accomplissement; mettre en relief les charges, les difficultés qui empêchent le notaire de lutter d'une façon égale, digne, qui l'obligent à jeter le cri d'alarme en face du préjudice subi.

Mais, dira-t-on, que ne se défend-t-il ? Pourquoi ne demande-t-il pas que la justice lui soit rendue. Elle est égale pour tous. Le Notariat n'a pas manqué de se défendre. C'est la Chambre des Notaires de Dunkerque qui assigne en concurrence déloyale l'agent d'affaires qui fonde une agence dite « notariale », usurpe le rôle du notaire, s'immisce dans dans ses fonctions. C'est un notaire des environs de Paris qui, récemment, poursuit en concurrence déloyale son ancien clerc qui organise des ventes par adjudication ou la parodie de ces ventes, qui fonde un cabinet dit « notarial » et emploie ce mot notarial pour créer une confusion. Je pourrais citer d'autres exemples. Les instances engagées sont nombreuses. Je dois constater avec regret que les résultats obtenus laissent à désirer, comme si un revirement s'était produit dans la jurisprudence. Jeannest Saint-Hilaire a-t-il donc prévu l'avenir quand il disait qu'un notaire devait avoir dix fois raison pour gagner son procès.

Ce n'est pas sans surprise qu'on lit le dispositif d'un jugement du Tribunal d'Avesnes du 28 janvier 1908.

« Attendu que X... est prévenu de s'être immiscé sans titre dans les fonctions de notaire, que cette immixtion serait caractérisée par un ensemble de faits et circonstances exprimant l'intention frauduleuse de faire croire que les actes accomplis par lui avaient la même valeur que ceux dévolus aux notaires.

« Attendu qu'à ce point de vue, il est notamment reproché au prévenu d'avoir fait vendre par sous seings privés des immeubles de communauté ou propres au mari qui étaient frappés de l'hypothèque légale.

« Attendu que si la *loi* ou tout au moins *la sécurité* des transactions recommandent que la renonciation de la femme à son hypothèque légale soit constatée par acte authentique, il n'en résulte pas moins de l'examen des actes auxquels s'est prêté le prévenu, qu'ils contiennent toutes les stipulations requises pour suppléer pratiquement aux effets d'une renonciation par acte authentique, que, par suite, on ne peut dire que X... ait fait croire faussement à la valeur de l'acte sous seings privés qu'il a rédigé..... »

N'est-on pas frappé d'étonnement à cette lecture ? N'y trouve-t-on pas un effet de l'humanitarisme actuel, de cette maladie sociale devenue contagieuse, épidémique, qui consiste à s'apitoyer au delà de la juste réserve, qui aboutit aux verdicts d'acquittement ; qui rend la répression illusoire en matière de crime, mais aussi en matière de délit, de quasi-délit ; qui, à la maxime « *cuique suum* » a substitué cette autre plus élastique : « laissez faire, laissez passer ».

Quel changement depuis 1858 ! Quelle distance parcourue depuis le jour où les grands jurisconsultes du Tribunat discutaient la loi tutélaire de notre Institution, la présentaient comme une nécessité, comme un des fondements de l'organisation sociale. Les limites des attributions du notaire sont méconnues. Il ressemble au propriétaire dont le domaine réservé est inefficacement gardé. Les mauvais voisins qui l'entourent empiètent sur ses sillons, coupent ses bois, pillent ses meules et ses greniers. Les procès-verbaux constatant le délit sont classés, on se joue de ses réclamations. La propriété n'est plus assurée. Mais si ce propriétaire est en même temps dépositaire ou métayer, le bien d'autrui disparaît avec le sien. Il en est ainsi du notaire chargé de recouvrer le droit d'enregistrement dû à l'Etat. Il n'est pas seul victime des agissements frauduleux. L'Etat y perd plus que lui. Ce préjudice apparaît dans la pratique des dissimulations.

La dissimulation est l'énonciation frauduleuse dans une vente, dans un échange ou un partage, d'un prix ou d'une soulte inférieurs au prix ou à la soulte réels. Cette altération est ainsi faite en vue d'éluder l'impôt. L'Administration de l'Enregistrement la considère comme un dol passible d'une amende. Elle est d'usage dans la plupart des actes sous signatures privées dressés par les agents d'affaires en matière de ventes d'immeubles et de ventes de fonds commerce. En matière de ventes d'immeubles, il n'y a pas, on peut le dire, d'écrit sous signatures privées qui ne contienne une dissimulation. C'est la raison d'être de l'agent d'affaires ou du marchand de biens : « Je ne coûte rien aux acquéreurs, disait l'un deux l'autre jour, je représente l'économie. Je me paie sur l'Etat ».

Et voici deux autres cas récents :

Une maison donne lieu à trois mutations de 1900 à 1910 : la première et la troisième, constatées par actes authentiques, portent les prix de 5,000 et de 5,100 francs ; la deuxième, objet d'un écrit sous signatures privées, n'atteint que 2,800 francs.

Un notaire offre d'une propriété 150,000 francs pour un de ses clients. Il reçoit une réponse évasive et apprend peu de temps après qu'elle a été vendue par acte sous seings privés à un autre amateur. Le prix porté dans l'acte est de 30,000 francs. Est-il besoin d'analyser la combinaison ?

La fraude est encore plus considérable en matière de ventes de fonds de commerce. Dans la plupart des villes de province et à Paris naturellement existent des agences, dont la spécialité est la transmission des fonds de commerce. Elles encouragent et facilitent les dissimulations.

Cela a lieu quelquefois d'une façon pure et simple, et voici, comme type de l'opération, la lettre adressée au mois de janvier dernier à un notaire qui avait réclamé des renseignements sur une vente de cette nature :

CABINET DE Mᵉ A...
Avocat-Conseil.

« Le   janvier 1913.

« Il ne m'est pas possible de vous adresser le sous seings relatif à la vente B..., le seul acte que je possède se trouvant à la disposition des créanciers ayant fait opposition.

« Je puis cependant vous indiquer ceci :

« L'acte mentionne que le principal d'acquisition est de 5,500 francs alors qu'en réalité il a été de 13,500 francs. La différence a été remise de la main à la main pour éviter des frais d'enregistrement, le prix des marchandises a été arrêté à la somme de 2,000 francs qui sera payable le 10 mars 1913 ».

Cela a lieu quelquefois suivant des formes ingénieuses qui ont été mises en lumière dans l'étude très intéressante publiée par M. Franck Deysac, principal clerc de notaire à Paris.

« L'intermédiaire, dit-il, fait tout d'abord signer aux parties un acte sous seings privés destiné à les lier simplement l'une envers l'autre, mais qui restera en principe inconnu du fisc ou des tiers.

« On procède ensuite aux publications prescrites par l'article 3 de la loi de 1909.

« S'il ne survient pas d'oppositions, s'il n'existe pas d'inscriptions sur le fonds et si le prix est payé comptant, on se borne à la déclaration estimative autorisée par la loi de 1872, et il va sans dire que, comme avant la loi de 1909, elle est inférieure à la réalité.

« S'il y a des oppositions ou des inscriptions on remplace de même l'acte originaire par un nouvel acte dans lequel le prix est limité, à peu près, au montant des oppositions et des inscriptions ».

Ces dissimulations dans les ventes d'immeubles et de fonds de commerce nuisent à l'Etat et aux parties, souvent dans des proportions considérables :

A l'Etat, qui perd des droits énormes. Les dernières statistiques indiquent que cette perte dépasse 30 millions par an;

Aux parties, le vendeur perd une partie de son privilège ;

Les femmes, les enfants mineurs perdent la partie du prix qui n'a pas été portée dans l'acte et qu'ils ne peuvent reprendre dans les liquidations ultérieures; les créanciers, une partie de leur gage. L'acquéreur voit, le cas échéant, son recours contre le vendeur diminué. S'il veut emprunter au Crédit Foncier, à une Caisse agricole, l'irrégularité de l'origine de propriété, la survivance de l'hypothèque légale de la femme qui n'a comparu que dans un acte sous seings privés ou qui n'a pas comparu rendent l'affaire impossible ;

Tous les contractants sont exposés aux poursuites de l'Enregistrement.

La fraude même a une répercussion plus lointaine. Elle viole le principe d'égalité en matière d'impôt et met à la charge des autres contribuables les sommes que l'acquéreur a retenues indûment.

Telles sont les conséquences de la concurrence illégale ou déloyale. Elle fausse les rouages des transactions, elle crée une situation déplorable au détriment général.

Si l'on pense que l'Administration de l'Enregistrement possède des moyens pour mettre les choses au point, pour déjouer la fraude et obliger le contribuable à payer l'impôt, on peut répondre que ces moyens sont illusoires. Comment prouver les dissimulations de fonds de commerce vendus par actes sous signatures privées ? En matière d'immeubles, dans certaines régions où la propriété est très divisée, où les petites ventes, les petits échanges sont nombreux mais peu importants, comment relever les insuffisances de revenu ! Les infractions à la loi sont multiples sans doute, mais trop faibles. On me rapporte qu'un inspecteur de l'Enregistrement examinait dernièrement les actes d'une étude de campagne. Il parcourait les minutes à l'affût d'un forcement. Vous feriez mieux, lui dit le notaire de chercher dans les actes sous seings privés, vous auriez plus de chances de succès.

— Oh ! ceux-là, je ne m'en occupe pas !

— Pourquoi donc ?

— Rien à faire : on me tirerait dans le dos. Si l'on a recours à l'expertise, on nommera pour experts des marchands de biens alliés aux agents d'affaires ; l'affaire n'aura pas de résultat.

C'est ainsi qu'on laisse de côté l'acte dans lequel gît un redressement certain, parce que le but est trop difficile à atteindre, parce que le redressement est impossible à faire.

Cependant les petits ruisseaux font des fleuves, les petites dissimulations forment la grande brèche dans la caisse du Trésor.

Cette situation ne peut durer vraiment dans l'intérêt de l'Etat et du public, dont l'épargne est compromise.

Ne peut-il y être apporté un remède ?

Dans des circonstances analogues, l'an dernier, M. le Garde des Sceaux a pris des mesures de garantie qui semblent devoir déjà donner des résultats favorables. Emu des dangers que faisaient courir aux capitalistes les banquiers sans scrupules et les courtiers marrons, il a créé au Tribunal de la Seine, au Ministère des Finances et à la Préfecture de Police des services nouveaux pour la vérification de la formation des Sociétés et le classement des faits délictueux d'ordre financier. Vous avez pu lire à ce sujet, dans la presse, ces mesures adoptées pour la protection de l'épargne financière.

L'épargne des propriétaires d'immeubles de la ville et de la campagne, des négociants, marchands, propriétaires de leur fonds de commerce n'est-elle pas digne aussi d'être protégée ?

Il faut un remède énergique, il faut une réforme.

Cette réforme, on l'a tentée depuis longtemps. Des remèdes ont été essayés, d'autres sont proposés.

Une proposition de loi vient d'être déposée par M. Brunet, député de la Dordogne.

Elle tend à réglementer la profession d'agent d'affaires, de directeur de contentieux, de mandataire de justice ou en justice. M. Brunet a été frappé du nombre grandissant d'officines louches qui se sont installées tant en province qu'à Paris.

Il a su qu'il existait à Paris plusieurs cabinets d'affaires tenus et dirigés par des gens qui, sans jamais avoir ouvert un livre de Droit, se sont intitulés avocats-conseils, que l'un d'eux, notamment, était un ancien marchand de beurre, l'autre un ex-garçon boucher.

Il a appris que certains magistrats ordonnaient la comparution personnelle des parties pour se soustraire et les soustraire à l'ignorance de leur mandataire.

Il s'est rendu compte que ces mandataires mettaient en coupe réglée les malheureux justiciables trompés par leur qualification.

Et il propose de faire décider que :

Pourront seuls donner des conseils juridiques et être mandataires en justice ceux qui, n'ayant jamais été condamnés ou fait faillite, pourront justifier d'un stage de quatre à cinq ans comme principal clerc de notaire, d'avoué ou d'huissier, ou d'un stage d'une durée de sept ans dans un bureau de contentieux tenu par une personne répondant aux obligations de ladite loi.

Assurément ce remède n'est pas méprisable. Il vaut mieux écarter les incapables des emplois dans lesquels ils nuisent. Ainsi empêche-t-on d'être médecin celui qui n'a pas justifié de son aptitude. Il y a une question de santé, de sécurité publique. Mais le remède proposé est faible, insuffisant, pour la raison qu'il ne corrige que la moitié du mal. La compétence technique deviendra nécessaire ; mais il restera à obtenir la compétence morale qui consiste à agir selon la conscience et le devoir. Elle existe seulement si elle est assurée par un recrutement d'élection, maintenu par un contrôle et une discipline. Parmi ceux qui pratiquent la concurrence déloyale et la dissimulation, il est des esprits intelligents, capables d'appliquer, mais aussi bien d'éluder la loi. Ce n'est pas seulement dans l'intelligence et l'instruction qu'il faut apporter le changement, mais dans les mœurs.

Ou bien devra-t-on constituer les agents d'affaires en groupements, les soumettre à une surveillance ? Cela ressemblerait à la création de nouveaux offices. On le voit pratiquement, une réforme complète en ce sens est impossible, incapable en tous cas d'enrayer tous les inconvénients signalés par l'honorable M. Brunet.

Un autre remède vient d'être proposé par M. Duveau, secrétaire de l'Ordre des Avocats au Barreau de Paris. Nous ne sommes pas les seuls à nous plaindre. Dans un ouvrage qu'il vient de faire paraître hier sur le *Titre et la profession d'Avocat*, Me Duveau signale la concurrence faite au Barreau par ces faux avocats qui ne sont que des agents d'affaires, et dans la préface qu'il consacre à ce livre, en des phrases vibrantes, M. le bâtonnier Labori rappelle que toujours les chefs de l'Ordre ont protesté contre l'usage irrégulier du titre d'avocat, et il revendique le monopole de ce titre parce qu'il entend sauvegarder le prestige de l'Ordre, parce qu'il ne veut pas laisser dépérir un des éléments de son patrimoine professionnel. Pour empêcher la confusion, Me Duveau conclut en demandant de faire compléter de la façon suivante l'article 258 dont il a déjà été parlé :

« Quiconque, sans droit, aura pris publiquement seul, ou ajouté à une autre qualité le titre correspondant à une profession dont la loi réglemente l'exercice ou organise la discipline, ou se sera immiscé dans les actes de cette profession, soit qu'il ne puisse l'exercer, soit qu'il ne l'exerce pas dans les conditions déterminées par la loi et les règlements d'administration publique sera puni d'une amende..... »

Un moyen de répression a été cherché dans un sens différent. On a pensé qu'il serait efficace d'agir sur l'esprit des parties contractantes par le rappel des prescriptions légales, par la crainte des sanctions. On a obligé le notaire qui reçoit un acte de vente, d'échange ou de partage de donner lecture de ces sanctions.

Ecoutez ceci :

« Le projet de loi que nous examinons apportera-t-il un remède efficace au mal que nous signalons ? *non.*

« En effet, le projet introduit une disposition nouvelle, mais seulement pour une seule nature d'actes, pour les actes notariés. L'article 26 exige à leur égard une affirmation de la part des parties contractantes, mais, pour les actes sous signatures privées, il n'exige rien, de sorte que le projet demande des garanties nouvelles à l'acte qui présente déjà autant de garanties qu'il est possible d'en obtenir, à celui qui est rédigé par des fonctionnaires institués et surveillés par le Gouvernement et qui font tous leurs efforts pour empêcher les fraudes. Et, ensuite, par une anomalie des plus étranges, il ne formule rien à l'encontre des actes sous signatures privées, qui ne présentent aucune de ces garanties, qui sont souvent rédigés par des gens incapables, parfois peu recommandables, de ces actes enfin dans lesquels la fraude est facile, l'ignorance parfois tristement exploitée. Loin de là, ces actes paraissent jouir d'une sorte d'immunité, de faveur. Etrange moyen, en vérité, d'atteindre le but qu'on se propose !

« Qu'arrive-t-il alors ? Une chose bien simple, et les résultats ne se feront pas attendre longtemps.

« Les conventions sur lesquelles il n'y a pas dissimulation sont toutes ou presque toutes constatées par des actes authentiques ; elles continueront de l'être ; de ce chef il n'y a pas d'augmentation à attendre. Mais les conventions sur lesquelles une dissimulation devra avoir lieu, ou pour lesquelles les parties voudront se soustraire aux difficultés et aux formalités blessantes de l'affirmation se feront par des actes sous signatures privées à l'égard desquels il n'est rien innové ; l'enregistrement aura lieu, et, plus tard, si les intéressés veulent leur donner l'authenticité, ils les déposeront chez un notaire qu'ils chargeront de les compléter et de les régulariser, et ils échapperont ainsi aux pénalités et aux prescriptions de la loi nouvelle.

« Ce n'est pas tout encore : bien des actes qui quitteront les études des notaires n'y reviendront plus pour y être déposés, ils resteront souvent sans être enregistrés, de sorte que les dispositions législatives nouvelles, au lieu de produire une augmentation d'impôt, amèneront une diminution ».

Peut-être avez-vous cru, Messieurs, entendre la critique de la loi de 1912. Détrompez-vous. Il n'en est rien. Le passage que je viens de vous lire est extrait du Mémoire présenté par la Chambre des Notaires de Tours au Corps législatif sur les articles 26 à 31 du projet de loi de finances de 1863.

Ce Mémoire disait encore :

« Pour les dissimulations de prix, nous proposerions que toutes les sommes payées en sus du prix stipulé dans la convention enregistrée seraient sujettes à restitution en capital et intérêts, que, par suite, toutes contre-lettres ayant pour résultat d'augmenter le prix ou les charges seraient nulles et d'une nullité absolue. Comme ces dissimulations, indépendamment des pertes qu'elles occasionnent au Trésor, amènent souvent des embarras et des difficultés dans les partages et les liquidations de successions ou de communautés, il en ressortirait un avantage pour l'Etat et souvent un bienfait pour les familles, ainsi que le disait très justement M. le Ministre dans son exposé.

« Il est un autre ordre d'idées que nous n'avons pas abordé jusqu'à ce moment : nous voulons parler des actes sous signatures privées en eux-mêmes, comme moyen de constater les transmissions immobilières. Les actes de cette nature ont, à beaucoup d'égards et sous beaucoup de rapports, les plus graves inconvénients ; ils ont été signalés tant de fois par des Cours impériales et par les Autorités les plus compétentes qu'il semble qu'il n'y ait plus rien à dire sur ce sujet.

« La loi belge et la loi prussienne en ont fait justice en exigeant l'authenticité pour les transactions immobilières. Pourquoi la loi française n'en ferait-elle pas autant ? »

Le remède, vous le voyez, ne date donc pas d'hier.

En 1863 les observations présentées au Corps législatif portèrent leur fruit. Le projet de loi fut rejeté.

Il devait être proposé à nouveau quelques années plus tard, en 1871.

A cette époque, le législateur imposa au notaire dans tout acte de vente, échange ou partage, l'obligation de prévenir les parties, de leur faire redouter le recours de l'enregistrement. Vous connaissez les articles 12 et 13 de la loi du 22 août 1871.

Mais il refusa de déclarer la nullité des conventions ayant pour but de dissimuler une partie du prix de vente :

« La dissimulation d'une partie du prix, disait-il, en vue de frauder le Trésor est certainement coupable. Néanmoins, l'acheteur qui demande la restitution d'une somme volontairement payée en exécution d'une convention librement consentie commet un acte d'improbité. La loi ne doit pas favoriser dans un intérêt fiscal ou autre une action condamnée par la morale et l'honnêteté. Le vendeur ne peut trouver dans cette convention le principe d'une action en justice pour se faire payer la somme qui fait l'objet de cette convention. Mais il ne s'ensuit pas, si cette somme a été volontairement payée, que l'acquéreur puisse se la faire rembourser.

« Et la loi de 1871 passa condamnation sur ce dernier point ».

Cependant, comme il avait été prévu en 1863, les conventions sur lesquelles une dissimulation devait avoir lieu continuèrent à être faites par actes sous signatures privées. Malgré les amendes édictées par la loi de 1871, la situation ne fut pas modifiée ; même les dissimulations augmentèrent dans une proportion telle que le Gouvernement résolut dernièrement de réprimer la fraude.

Il convient, dit l'exposé de la loi du 17 février 1912, de revenir au système de la loi de frimaire qui intéresse le vendeur par l'action *en répétition de l'indu*, à s'opposer énergiquement à toute dissimulation. La nullité des contre-lettres empêchera dans presque tous les cas la conclusion d'accords frauduleux et les intérêts du Trésor se trouveront ainsi sauvegardés d'une manière efficace.

Et dans la discussion de la loi, M. Klotz, Ministre des Finances, déclara :

« Ce sont en réalité les agents d'affaires qui poussent l'acheteur et le vendeur à la fraude. Au début de la négociation les contractants sont de bonne foi. Ils ne songent pas à tromper le fisc, à dissimuler 10,000 ou 20,000 francs. Intervient l'agent d'affaires qui dit : « Vous avez tort de déclarer le montant exact du prix. Vous allez payer trop ». C'est lui qui profite de ce conseil en touchant une rémunération supplémentaire prélevée sur le montant des droits fraudés ».

Conséquence :

La loi contient l'article suivant, l'article 7 :

« Est nulle et de nul effet toute convention ayant pour but de dissimuler partie du prix d'une vente d'immeubles ou d'une cession de fonds de commerce, tout ou partie de la soulte d'un échange,..... etc..... »

Mais elle renferme encore un autre article (article 6) obligeant sous certaines peines les notaires à provoquer et à faire eux-mêmes des déclarations très strictes sur la sincérité des prix portés dans les actes. « Ce sont en réalité les agents d'affaires qui poussent l'acheteur et le vendeur à la fraude », a dit au Sénat M. le Ministre des Finances. Et cependant c'est contre le notaire que la loi, dure par essence, augmente ses sévérités. Elle agit comme la censure. *Dat veniam corvis, castigat censura columbas.*

L'article 7 *in fine* porte bien, il est vrai :

« Quiconque aura été convaincu de s'être d'une façon quelconque rendu coupable de manœuvres destinées à éluder le paiement de l'impôt sera personnellement passible d'une amende,..... etc..... »

Et il a voulu ainsi atteindre les agents d'affaires.

Mais comment établir la preuve à leur égard ! Les infractions à la loi sont journalières. Depuis son vote combien ont été poursuivies ? Aucune. Comment serait-il fait autrement dans l'avenir ?

L'Etat est désarmé. Le rôle du Notariat est devenu plus difficile. Il a prévenu les parties selon l'injonction de la loi. Il a fait apposer dans les études des placards indiquant les prescriptions nouvelles ; il en a même fait apposer dans les bureaux de l'Enregistrement. Pendant quelques semaines les vendeurs et acquéreurs ont été inquiets, ils ont fait quelques aveux, ils sont revenus, à l'instigation du notaire, sur quelques déclarations. Cela n'a pas duré. L'agent d'affaires est rentré en scène et a fixé le mot d'ordre. Et maintenant, quand le notaire interroge sur la sincérité du prix, une réponse affirmative et péremptoire ne se fait pas attendre. Elle est suivie du mutisme le plus complet. Il n'y a plus à revenir sur la première déclaration. Le notaire ne saura jamais rien de plus : on ne lui fait plus confiance.

La solution de la difficulté n'est donc pas trouvée.

Que faire !

En ce qui concerne les fonds de commerce, dit *La Revue de l'Enregistrement* (numéro de février 1913), nous croyons savoir que l'Administration des Domaines étudie un projet qui consiste à exiger le dépôt de l'acte de cession dans l'étude d'un notaire préablement à toute publication, ou le dépôt de l'acte de cession dans l'étude d'un notaire.

Pourquoi ne pas aller franchement au but, rendre obligatoire l'authenticité des actes de vente, échange et partage.

Cette mesure est-elle possible ?

Sans doute le Tribunal d'Avesnes a proclamé la liberté, la licence des conventions ; sans doute certains théoriciens, exagérant le droit et l'action de l'individualisme, de la liberté, refusent de restreindre l'application des actes sous seings privés. On oublie que cette restriction ne porte pas atteinte à la liberté des conventions, mais seulement à leur forme, déjà soumise à d'autres modifications; qu'en cette matière, comme en matière de procédure, quand il s'agit de protéger à la fois l'intérêt privé et l'intérêt général, certaines convenances particulières doivent fléchir devant le principe supérieur fondamental de l'ordre public. On oublie vite enfin que, selon la parole de Montesquieu, la liberté est seulement le droit de faire ce que les lois permettent.

Est-elle possible ? Mais elle a été adoptée par des pays dont la législation est analogue à la nôtre, par la loi belge, par le nouveau Code suisse.

Chez nous elle était réclamée en 1863, peut-être avant.

Elle n'a cessé d'être réclamée depuis dans des circonstances nombreuses par les Chambres de discipline, par le Comité des Notaires des départements, par le Congrès de 1905 à Orléans, de 1911 à Tours, de 1912 à Toulouse.

En dernier lieu, par la Commission des IX.

Elle est la base nécessaire pour établir la sincérité des contrats, pour mettre fin à la fraude, dans l'intérêt des parties, dans l'intérêt de l'épargne, dans l'intérêt du Trésor.

J'en ai fini, Messieurs.

Je vous ai exposé les difficultés suscitées au notaire par la concurrence illégale et déloyale. Elles le placent dans une situation intolérable. Ce n'est pas la lutte sanglante, mais c'est la lutte déclarée, régularisée, méthodique. Je vous ai aussi montré les difficultés de la résistance.

Nous ne pouvons contre nos adversaires employer les mêmes armes. Nous ne pouvons descendre dans la lice, enlever une affaire comme des démarcheurs. Nous ne sommes pas des commerçants. Si la concurrence est l'âme du commerce, sa façon est étrangère aux principes qui nous conseillent dans certains cas l'abstention, et qui toujours nous commandent la dignité.

Est-ce à dire cependant que nous ne pourrions faire quelque chose, tenter quelques efforts plus avisés ?

D'un côté, je vois, à Paris, fonctionner un Comité judiciaire de législation chargé de l'examen, de la discussion juridique des projets de loi, de signaler les modifications, les améliorations à apporter aux lois nouvelles, je vois dans ce Comité des magistrats, des avocats, des avoués, des huissiers, mais je n'y vois pas de notaire. Les notaires cependant, par la spécialité de leurs connaissances, par l'étendue de leur action dans le domaine des affaires, pourraient y trouver leur place ; selon le mot de l'éminent homme d'Etat, qui était hier le Garde des Sceaux et qui préside aujourd'hui aux destinées du Gouvernement, ils servent le droit dans sa conception la plus haute et dans son sens le plus pratique. Leur rôle ne serait-il pas utile ?

D'autre part, ne pourrait-on trouver dans un organe collectif, Comité ou Association, un point d'appui pour soutenir plus énergiquement les intérêts collectifs ?

En agissant ainsi, en cherchant le rétablissement du bon ordre dans ces différents états de choses, notre corporation, Messieurs, ne fera que manifester son esprit de corps, son vouloir vivre propre qui la pousse à se défendre contre les causes d'amoindrissement extérieur et de destruction, à maintenir sa considération et son crédit.

Mais cette bonne volonté, ce vouloir vivre ne seraient pas suffisants pour arriver au but.

Nous devons réclamer auprès des Pouvoirs publics la protection dont nous avons besoin.

Nous réclamons leur appui contre la concurrence illégale, contre les maires, les secrétaires de mairie, les géomètres-arpenteurs, contre les instituteurs surtout, qui violent journellement la circulaire de M. le Ministre de l'Instruction publique du mois de mars 1859.

Nous réclamons leur appui contre la concurrence déloyale des agents d'affaires, et cette réclamation, nous l'adressons, comme une demande de justice, aux juges qui, pesant les principes invariables de la loi morale et de la loi écrite, rédigeaient en 1885 le dispositif que nous citions tout à l'heure : « Les motifs d'ordre public et d'intérêt général qui ont présidé à l'institution du Notariat ne permettent pas que, dans chaque localité, près du fonctionnaire investi de la confiance de l'autorité, et réunissant les qualités exigées par la loi, vienne se placer un agent d'affaires attirant à lui la clientèle par l'appât d'honoraires au rabais et compromettant par de tels moyens les intérêts les plus précieux des citoyens ».

Nous nous joignons au Barreau et nous réclamons avec lui une addition à l'article 258, punissant d'une amende celui qui a pris le titre correspondant à une profession ou s'est immiscé dans les actes de cette profession.

Nous réclamons l'authenticité obligatoire des actes de vente, échange et partage.

Et m'élevant au-dessus des conflits suscités par les intérêts contraires et les passions humaines, je viens dire, Messieurs, que si nous avons besoin d'une protection pour l'accomplissement de notre œuvre sociale, nous avons droit à cette protection par l'utilité et la nécessité de cette œuvre.

C'est le notaire qui facilite la tâche de la Justice. Il faut l'avouer, dit M. Colin, professeur à la Faculté de Droit de Paris et sénateur, c'est chez les notaires qu'on trouve la rédaction la moins équivoque, la plus précise. D'autre part, et c'est là, ajoute-t-il, une constatation utile à faire, il est exclusivement rare de rencontrer dans les actes notariés des clauses illégales.

C'est le notaire qui adapte, qui accommode les prescriptions légales aux variations des mœurs. Il a constamment secondé l'évolution de la loi. Pour le prouver, il suffit de considérer le rôle important joué aujourd'hui par le Notariat dans la constitution de ces Sociétés qui ont permis à tant d'industries de s'établir sur des bases solides, sans lesquelles leur prospérité était compromise.

C'est le notaire qui est mêlé incessamment à la vie économique dont il seconde et facilite les mouvements : au moment de la production de la richesse, par les contrats d'échange, de vente, par les actes de liquidation, de succession, de partage ; au moment de la circulation de la richesse, par les différents actes concernant le crédit public et privé ; au moment de la consommation de la richesse, c'est lui qui intervient pour transformer les économies du propriétaire, de l'industriel, du commerçant, de l'agriculteur grand ou petit, dans l'épargne qui doit à son tour féconder et faire renaître la production de la richesse. Et c'est ainsi que, témoin constant des phénomènes sociaux, il a tissé mieux que quiconque le fameux bas de laine où se cachent les réserves profondes de la prospérité de notre pays ; qu'enfin, canalisant vers les caisses publiques des sommes considérables, il est devenu pour l'Etat un auxiliaire, un percepteur d'autant plus précieux qu'il rapporte beaucoup et qu'il ne coûte rien.

Bien plus, n'est-il pas le rouage nécessaire, l'organe créé par le besoin ? « Le juge ne pouvant suffire à ses fonctions multiples, on créa un fonctionnaire spécial investi de la mission de recevoir les actes. Telle fut l'origine du Notariat ».

Je vous ai rapporté en commençant ces paroles de l'avocat général Guyho qui, lui-même, rappelait les expressions du conseiller d'Etat Favard de Langlade : « Le notaire exerce une partie de l'autorité de la Justice. Il y a en lui une magistrature ».

Cependant, la magistrature du notaire est mise en échec. L'accomplissement de sa destinée, qui a pour condition première le jeu normal et libre de son action et de son énergie, est suspendu, paralysé par des oppositions illégales ou déloyales. Ne la délivrera-t-on pas de ces obstacles ? Elle ne peut se maintenir et se développer que dans la mesure où la sécurité lui est assurée.

Et à cet instant me revient en mémoire le discours de Royer-Collard sur l'inamovibilité du magistrat. Il me semble entendre le début de la phrase célèbre : « Organe de la loi, soyez impassible comme elle..... » Et comme le magistrat révocable compare sa faiblesse à la force du pouvoir, celui-ci répond : « Tu seras inamovible ». Le magistrat est sauvé, avec lui la Justice est sauvée. La juridiction volontaire ne peut-elle à son tour dire au Pouvoir : « Les passions frémissent autour de moi et troublent mon âme. Je suis assiégée par les influences, et c'est en vain que je résiste aux séductions et aux menaces. Eclairé par l'expérience et par la force croissante des choses sur vos propres intérêts, sur les intérêts du public, mettez-moi à même de remplir dignement, librement, sans entrave, sans attaque la mission que vous m'avez confiée. Défendez-moi. Donnez-moi la sécurité ».

www.ingramcontent.com/pod-product-compliance
Lightning Source LLC
Chambersburg PA
CBHW061850060726
47597CB00008B/3646